U0494980

少了 一颗纽扣 的 米娜

[日]山口一男 / 著

[日]森 妙子 / 插图

邱振瑞 / 译

后浪

江西人民出版社
Jiangxi People's Publishing House
全国百佳出版社

目　录

少了一颗纽扣的米娜与魔法师卡兹

——社会学的奇幻世界 …… 1

狮子和老鼠

——教育剧：两种社会规范比较论 …… 103

后　记 …… 213

出版后记 …… 217

少了一颗纽扣的米娜与魔法师卡兹

——社会学的奇幻世界

某个星球上的人们和“我的衣服”

宇宙中有无数星球，每一个星球都有自己的故事。

这是一则关于某个星球的故事。

在这个星球上，孩子出生时，会从父母那里得到一件很特别的衣服。随着孩子的成长，这件衣服会跟着增大，并且衣服的特色也会逐渐改变。

这件衣服和别的衣服不同，无法自由穿脱，它就如同几乎没有重量的外套，轻柔地罩在其他衣服外面。

不过，也有人会觉得这件衣服非常沉重。

每个人衣服上的纹饰、颜色和质地，都各不相同。有的纹饰浓粗显眼，有的则精致细腻；有的颜色对比强烈，有的则是沉稳柔和的同色系；有的质地柔软光滑，有的则粗糙得刮手。

这个星球上的人们提到“我的衣服”时，他们说的可不是能够随意穿脱的普通衣物，而是专指这件奇特的衣服。

这件衣服有七颗纽扣，一律是前开襟款式的。在这个星球上，这七颗纽扣各自代表着不同的意义，也象征着穿衣服的人所具有的能力与特质。

例如，最上面那颗纽扣代表“创造与美感”，表示创造崭新事物的能力。若这颗扣子精巧华美，那么这个人将来很可能成为伟大的科学家、艺术家，或是魔法师。

第二颗纽扣代表“思考”，表示善于独立思考，绝不随便跟风或沿袭别人想法的能力。假如这颗扣子又丑又小，就表示这个人缺乏主见。因此，父母总会特别花费心思地打造这颗纽扣以及第三颗纽扣。

第三颗纽扣表示“健康”，亦即不容易生病，即使生了病也能自然康复的能力。

第四颗纽扣代表“感情”，表示重视和珍惜周遭的人、事、物的能力。

第五颗纽扣表示“努力”。在这个星球的人看来，如果这颗纽扣坚实又亮丽，即表示这个人比别人努力实干。尽管不知道是不是真的，但大家都认为这样的人必能在社会上出人头地。

第六颗纽扣代表“诚实”。如果这颗扣子是蓝色的，即表示这个人诚实耿直，若是红色的，则表示这人很爱说谎话。这个星球上所说的“红彤彤的谎话”，正是由这颗扣子的颜色而来的。

最后的第七颗纽扣代表“朝气”。倘若这颗扣子硕大亮眼，即表示这个人性格开朗，遇到悲伤痛苦的事情，也照样能够乐观地活下去。

除了纽扣，从纹饰、颜色和质地上，亦可看出衣服主人的各种特质。不过纽扣或衣服的特色，在不同人的眼中也是不一样的，所以没人能明确地辨识出真正的纽扣、纹饰、颜色、衣料质地是什么模样。

这件特别的衣服不仅会随着身体成长而变大，也会随着这个人的言行举止而变化。因此，拥有这件衣服的人，同样也很难知道它的真实样貌。只是，当他长大成人之后，这些特色几乎就不再改变了。

此外，这件奇特的衣服还有个特点：父母和孩子的全名以及父母的职业，都会绣在衣领的背面。

比方说，艾丽斯和马堤克这对夫妇同为数学家，他们有个孩子叫彼特。那么，彼特的衣领背面就会绣着“数学家艾丽斯与数学家马堤克之子：彼特”。

彼特这个可爱的名字很讨人喜欢，因此常被这星球的父母拿来命名。不过，男孩长大以后如果还被唤作彼特，似乎有些难为情，于是很多叫彼特的男孩，在成人以后会改名为帕特。

只有六颗纽扣的米娜

在这个星球上，有个女孩名叫米娜。

绣在她衣服上的全名是“画家艾姆爱姆与医生耶姆堤之女：米娜”。

远远看去，这女孩似乎穿着一件不起眼的灰色衣服。

不过凑近一瞧，就会发现她的衣服摸起来比银狐的皮毛还柔滑，还隐隐地泛着银色光芒，实在美极了。

尤其是在雨后，经过水蒸气的折射，她的衣服辉映出七彩的几何图案，充满绝妙的神秘之美。

在这个星球上，衣服上带有漂亮的几何图案，表示这人具有卓越的“数理才能”，擅长数学和逻辑思考。

而假如衣服呈现出各种柔美的曲线图案，则表示这人具有辞藻丰富的“文学才能”。

尽管米娜的衣服足以令人赞叹，可她小时候却很讨厌它。

因为不知什么缘故，她的衣服上只有六颗扣子，缺少第七颗代表“朝气”的纽扣。

少了这颗扣子，米娜时常闷闷不乐。

她几乎不曾开怀大笑过，而且一旦心情低落，就得比其他人花上更多时间，才能走出悲伤。

不仅如此，其他孩子们发现米娜没有第七颗纽扣，便经常取笑她、戏弄她，有时还恶意地叫她“只有六颗纽扣的米娜”。为此，米娜的心灵饱受摧残，每一天都是痛苦的煎熬，真想一死了之。即便不能这么做，她也想找个没人的地方，自己单独生活。

除了缺少第七颗扣子，米娜的衣服可以说几近完美。但每当她沮丧懊恼时，便无法感谢父母的恩惠，反倒对他们忘了缝上第七颗纽扣这件事耿耿于怀，不断陷入痛苦和消沉。

其实，也不能怪米娜会这么伤心，甚至怨恨父母。毕竟她身旁的人，全都穿着带有七颗纽扣的衣服，唯独米娜一生下来，衣服就只有六颗扣子。

任何人发现自己和别人不同，只有自己带有某种缺陷，都会为此感到莫名的自卑。如果又因此遭到其他孩子的讥讽和欺侮，则更是无法释怀。

不过，米娜是个敏感又善良的好女孩。

米娜的父母艾姆爱姆与耶姆堤，因为忘记缝上第七颗纽扣这个无法挽回的失误，长年以来始终自责不已，在谈到别人的衣服时，也尽量不触及纽扣的话题。年龄稍长以后，米娜逐渐明白了父母的心情，便学会了不在他们面前露出忧伤的神情。

此外，因为不想听到别人无意中脱口说出："咦？那个女孩少了一颗扣子！"米娜总是尽量保持低调，也不和其他孩子一起玩耍，每天只独自看看书、和自己说说话，以避免听到那些话时受到伤害。就这样，她渐渐长成一位沉着冷静、喜欢思考的女孩。

可是，米娜的心底总是有一种挥之不去的哀伤。这阴影总是与脑海中的一幕景象联系在一起。

在那个画面中，艾姆爱姆抱着幼小的米娜，哭得非常伤心。耶姆堤似乎在旁边安慰着艾姆爱姆，但他的话却是模糊的，根本听不真切。

米娜认为艾姆爱姆大概是为了她而哭的。因为艾姆爱姆痛哭之际，使劲地把她搂在怀里。

米娜隐约记得，当时年幼的自己说：

“妈妈，不要哭。”

但艾姆爱姆反而放声大哭，让她非常害怕。

米娜懂事以后，便认定那天艾姆爱姆哭得那么伤心，一定是因为她发现自己忘了缝上第七颗纽扣却无从挽回了。

米娜从来不曾向艾姆爱姆和耶姆堤说起这段记忆。她在少女时期，便下决心不再回首过去，把一切悲伤的记忆都深埋在心底。

而且，为了不再因为别人无心的话而受伤难过，也为了不再回想起悲伤的往事，米娜尽量一个人独处。

也因为同样的原因，除了数学家艾丽斯与数学家马堤克之子彼特是个例外，米娜几乎没有其他朋友。她偶尔会和彼特讨论一些数学谜题，或是聊聊数学的有趣之处。

数学不会牵扯到复杂的人际关系，还能让心情平静下来，因此成了米娜喜欢的科目。

在这个星球上，学校并不通过考试来决定成绩。学生只需要针对学习的科目，把自己思考与理解的内容写下来交给老师，再由老师批阅后分别与学生讨论并记录进度。这就是他们的教学方式。所以，这里的小孩们从来不会因为讨厌考试，或者害怕考试得不到高分而讨厌数学这门课。

米娜住在一个面向大海的港口小镇上。

他们一家人原本住在大城市，耶姆堤在城里的大医院工作。米娜出生后不久，他决定到这个港口小镇的诊所工作，全家才搬了过来。

“我们为什么要搬来这里呢？”米娜经常问爸爸。

“因为我觉得全家人在这里可以过更悠闲的生活啊。”耶姆堤每次都是这样回答。

有一天，米娜从朋友彼特那里听到一则很奇妙的传说。

据说，从这个港口小镇驾船出发，一直朝北方航行，可以到达一座岛屿。这座岛屿由伟大的魔法师卡兹统治，叫作“卡兹岛”，又称为“谜岛”。想要见到魔法师卡兹，必须经历重重困难与危险，不过只要能见到他，便能够实现一个愿望。

听到这个传说，米娜心想：“魔法师卡兹一定能赐给我第七颗纽扣！”

从这一天起，少女米娜便决定了自己在成人之前要做什么。她要学习航海技术，成为一位航海员。

这虽然只是一个平凡的梦想或希望，却成了米娜心中的重要寄托。

正因为缺少那颗代表“朝气”的纽扣，自己才会时常感到沮丧，甚至怨恨艾姆爱姆和耶姆堤。米娜很讨厌这样的自己。她心想，倘若从魔法师卡兹那里得到这颗纽扣，或许就能彻底赶走这些灰暗的想法。

米娜把这个想法当作心灵依托。

对米娜来说，成为航海员就必须离家生活，而这也是她求之不得的。她从小就发现，比起家里其他拥有七颗纽扣的兄弟姐妹，自己给艾姆爱姆和耶姆堤带来了很大的心理负担。尽管父母对她呵护备至，但待在他们身边时，米娜总觉得自己是个累赘，这也给她带来了极大的精神压力。

当米娜把想当航海员的愿望告诉艾姆爱姆和耶姆堤时，他们非常吃惊地追问原因。他们一直希望米娜能找份离家不远的工作，永远待在父母的身旁。

也就是说，艾姆爱姆和耶姆堤不希望米娜离开他们的视线范围，让这个“天生少了一颗扣子的可怜米娜”孤零零地在外生活，他们实在放心不下。

面对父母的追问，米娜只说自己喜欢大海、想要从事技术性工作、想看看这个广大的世界等理由，并没有道出心里话。

米娜之所以这样回答，除了不想让父母担心旅程危险，也害怕他们知道自己因缺少第七颗纽扣而耿耿于怀，因为这必定会让他们伤心难过。

艾姆爱姆和耶姆堤对米娜的愿望不以为然，也不十分理解，但他们也没有强烈反对，而且最后还告诉米娜，只要是她想做的事，他们都将全力支持。

在米娜生活的社会中，学习航海技术的几乎全是男生。米娜因而感受到不少异样的眼光，但她丝毫不放在心上。不管是用罗盘辨识方位、根据星象变化来测定船只位置、船舵操纵，还是天候预测和学习外语，米娜全都按部就班地学会了，甚至扬帆与收帆等粗活也没能难倒身材纤瘦的米娜。

过完22岁生日的那个三月，米娜终于领到了航海员资格证书。这个星球有个习俗，孩子完成学业，父母会为他们准备毕业礼物祝贺。于是，米娜如愿地从父母那里得到了一艘小帆船。

驶向魔法岛

就在这年春天的一天，米娜独自一人驾船出发了。当然，她的目的地正是魔法师卡兹居住的谜岛。

她之所以赶在夏天之前出航，是因为考虑到北方的海上很冷，而自己必须花上几个月的时间才能抵达那个小岛。

在这趟航程中，米娜遭遇过暴风雨的袭击，还曾经被鲨鱼群包围，令她饱受惊吓。不过，她也曾遇到一大群好奇的海豚，在帆船的四周争相跃出海面，让她度过了一段欢乐的时光。她将全部精力都用来解决航行中遇到的事，便不觉得时间难熬。

可是，在那些云层掩住星光的夜晚，漆黑寂静的大海总让米娜感到格外恐惧。

她感到害怕，并不是因为孤单一人。

对一般人而言，独自在海上航行，孤独的滋味往往难以忍受，但米娜向来习惯独处，这根本算不上痛苦。

米娜担心的是，即便幸运地见到魔法师卡兹，假如他无法赐予自己代表“朝气”的纽扣，那该怎么办呢？

这些年来，米娜始终期望和魔法师卡兹见面，求得那颗纽扣。如果卡兹根本没有这种法力，她将顿失心中的依靠。

一旦开始悲观，心情便会更加低落。

她因而决定不再思索这些，只管奋勇向前。不论未来会遇到什么危险与困难，都要见到魔法师卡兹，米娜这样告诉自己。

经过漫长的航行，在夏天已近尾声的一个早晨，米娜终于抵达了谜岛。

小岛的南面是一片海湾，看上去宛如岛屿的迎宾大门。岸上立着一块很大的告示板。

告示板上写着：

这座岛上住着两种人：第六颗纽扣是蓝色的人和第六颗纽扣是红色的人。蓝纽扣的人秉性诚实，绝不会说谎；红纽扣的人很爱撒谎，说的总是与事实相反，必须特别留意。此外，岛上的标记和告示板皆可相信。

魔法师　卡兹

“这个谜岛还真特别，竟然只住着两种人。原来‘卡兹’是那名魔法师的名字，他肯定很好心，还特意提醒别人需要注意的重要事项。”米娜喃喃自语。其实，这位魔法师可不只是好心……

岸边有一条路标着“通往魔法师的宫殿”，米娜便毫不犹豫地走上了这条路。

第一关

从海边朝小岛中央走了一会儿，米娜来到一个岔路口，每条路上都有一扇门。

在两扇门的中间，站着一位神情严肃的守门人。他身旁立着一个告示板，上面写着：

一扇门通往宫殿，另一扇门通向毒蛇和蝎子栖居的沙

漠。往前已没有其他道路。你只能问守门人一个问题。守门人只会以“对（是的）”或“错（不是）”回答一次。

“糟糕，这就是第一关吧。”米娜嘟囔道。

不过既然可以向守门人提问，就不用担心了。

米娜朝守门人的第六颗扣子瞧了一眼。可那颗扣子恰巧被衣料遮住，看不出是什么颜色。米娜心想这个做法真是狡猾，但也无可奈何。于是，她只好寻思该如何应对。

她首先想到的是，如果她指着右边的门问道：“守门人先生，请问这扇门是通往宫殿的吗？”那么，对方会如何回答呢？

假如右边的门确实可以通往宫殿，那么诚实的人会回答“对”，而说谎者则一定会回答“错”。不过，米娜马上想到，她并不知道守门人诚实与否，所以不能这么问。

米娜想，假如能问两个问题就容易了。

比方说，“您的第六颗纽扣是蓝色的吗？”

不过不论是诚实的人还是说谎的人，都有可能回答“对”，因此不能这样问。假如改成提问：“守门人先生，请问您听得到我的声音吗？”这么一来，就能分辨出守门人是诚实以告还是在说谎了。如果守门人回答“对”，表示他是诚实的；而如果他回答“错”，就肯定是在说谎。然后再问他哪一扇门可以通往宫殿，就能得到正确的答案了，可现在只能提问一次，这个条件的确很苛刻。

“伤脑筋呀，我得想想其他的问法才行。”

这的确是个难题，不过聪明的米娜立刻想起逻辑学课上学过的一项定理：不论是1乘以负1，还是负1乘以1，答案都是负1。根据这个规则，“否定正确的事情”和“肯定错误的事情”，都会得到错误的答案。

如果能利用这项定理拟出一个问题，并且不论是诚实的守门人还是说谎的守门人，都只能据此做出与事实相反的回答，自己不就能得到想要的答案了吗？简单地说，只要能设计一个问题，可以否定诚实者的回答或者肯定说谎者的回答，那么就能立刻找出正确答案了。于是，米娜这样问道：

“守门人先生，假如有一个人的第六颗扣子和您的扣子颜色不同，那么如果我问他右边的门是通往宫殿的门吗，他会怎么回答？”

为什么米娜会这样问呢？理由如下：

假设右边的门确实能通往宫殿，那么诚实的守门人知道说谎的守门人会回答“错”，所以他就会告诉米娜对方的回答是“错”。相反，如果眼前是一位说谎的守门人，他知道诚实的守门人会回答“对”，所以他也会对米娜说对方的回答是“错”。

反过来，假如左边的门才是前往宫殿的大门，在这种情况下，诚实的守门人知道说谎的守门人会回答“对”，于是他便会诚实地告诉米娜是“对”。而说谎的守门人明知诚实的守门人会回答“错”，却仍会告诉米娜答案是“对”。

最终，面对米娜的问题，守门人的回答是“对”。

于是米娜便穿过了左边的那扇门。

或许是秋天早一步造访了这座最北方的小岛，路旁满眼都是红叶，前方是一片红黄辉映的树林。

卡伯先生的山羊奶酪铺

在路两旁的红叶之间，有一条蜿蜒的小径向前延伸。

米娜走了一个小时左右，路旁的树木逐渐变得稀疏起来，眼前逐渐开阔。小径在这里又分成了两条路。

一条路是金黄色的，另一条路是黄绿色的，两边都是明亮的颜色。

不知为什么，这里没有路标。米娜走近一看，发现这里似乎曾经立着路牌，但现在只剩下一根柱子，牌板的上半部分已经不见了。

米娜环顾四周，没有找到坏掉的牌板。真糟糕，该走哪条路才对呢？

米娜抬眼望去，在金黄色小路前方的不远处，有两间看似农家的房子。或许去那里打听一下，可以问到路。

卡伯先生的
山羊奶酪铺

她往房子走去，看到房子旁边的栅栏里养着二十来头肥肥的母山羊。周围尽是青翠的草地，山羊大概因此才长得如此肥硕吧。看来，这里是畜牧山羊的酪农的家。

大房子看似住宅，小房子应该是店铺。

店铺外的招牌写着“卡伯先生的山羊奶酪铺”。米娜走进店里，发现货架上堆满了五厘米见方的金黄色奶酪。

可是店里没有人。米娜转到另一边的住宅，扬声问道：

“不好意思，请问有人在家吗？”

不一会儿，走出一位面容悲戚的胖胖的中年男子。他右手握着一柄小刀，左手拿着一块布满削切刀痕的奶酪块。

“你好，我是卡伯先生。”

米娜看见他表情十分悲伤，忍不住问他：

“请问出了什么事吗？发生了什么令人遗憾的事情吗？”

“哪儿的话，我过得非常幸福呢！”接着，卡伯先生又连忙补充，“这附近没什么牧草，山羊全都干瘦干瘦的，也挤不出多少奶。不过我好歹总算开了这家专卖山羊奶酪的小店，我想让魔法师卡兹大人和宫殿里的人也尝一尝，特地送去了一些样品。没想到卡兹大人却说：‘我最喜欢四边形，尤其是正方形。三角形和五边形也能勉强接受，就是不喜欢六边形，更讨厌这种正六边形。’”

卡伯先生说完，便“唉”地叹了口气。

米娜根本没听懂他后面这段话，正打算详细问问，卡伯先生又说出一段莫名其妙的话：

“问题是，我店里的奶酪全都是相同形状的，如果重新切成六边形，就没法切出多余的边角了。不过，能糟蹋掉这么多山羊奶做成的奶酪，我可真高兴啊。”

米娜仔细一看，才发现原来他手里的奶酪块就是为了要改成六边形，才切得不成样子。

米娜实在听不懂卡伯先生这番乱七八糟的解释，心想如果有其他人在店里，或许向别人问路会更妥当。于是她又试探着问：

“请问，只有您一个人在店里工作吗？没有其他员工吗？”

卡伯先生听了，满脸自豪地回答：

“怎么可能，才不止我一个人呢。我在这一行做了三十年，还是个资浅的奶酪师傅，尽管如此，还是有许多喜爱吃我的奶酪的人和我一起工作呢！”

米娜正想反驳“可是，这里没有其他人……”，她忽然发现，卡伯先生身上的第六颗纽扣是红色的。这也就是说，他的话全是与事实相反的。

于是，米娜暗自思忖：

“也许卡伯先生正在为此事烦恼。因为魔法师卡兹最讨厌正方形，所以不愿意买卡伯先生的正方形奶酪，他只愿意买他最喜欢的正六边形奶酪。可是这么一来，得切掉很多边角，十分浪费奶酪，这让卡伯先生难过极了。”

为求慎重起见，米娜向卡伯先生确认，只见他摇头否认。果真被她料中了。

看着愁眉不展的卡伯先生，米娜很想帮帮他。尽管他说话前后矛盾，但实在不像是个坏人。可该怎么帮助他才好呢?

这时候，她突然想起了以前和彼特玩过的数学谜题，其中就有“将正方形奶酪切成六边形”的窍门。

“让我想想，应该怎么切呢?”

米娜很快想出了这道谜题的答案，并当场给卡伯先生做了几次示范。只要找到一个特定的角度，一刀将正方体斜着切成两块，截面就会是正六边形，其他的面也会变成三角形和五边形，不再是正方形的了。

卡伯先生见到这种切法，欣喜若狂地大声嚷道：

“我在做梦吗? 太神奇了!”

米娜看见卡伯先生如此高兴，自己也很欣慰，不过她旋即想到有要事还没解决，便问卡伯先生：

“请问通往宫殿的路是金黄色的，还是黄绿色的?”

“是黄绿色的路。”

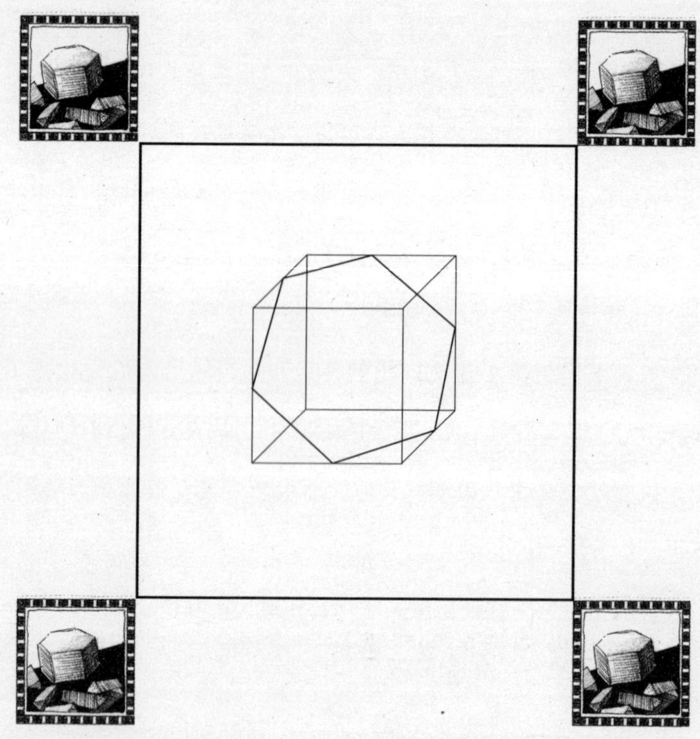

卡伯先生回答，又刻意指了指自己身上的第六颗纽扣给米娜看，直到看着米娜踏上金黄色的小路，才露出了如释重负的表情。

然后他又赶忙抓了几块正方形奶酪，连同米娜方才切的奶酪一起包起来，追上去塞到她的手里：

“这东西难吃极了，我想一定不合你的口味。”

米娜下船后一直没有吃东西，早已饥肠辘辘，她当下就咬了一口。这奶酪的滋味实在是美味极了。

“真好吃！”

听到米娜的赞美，卡伯先生的脸上泛起了笑容。米娜不由得想道：

“奶酪重要的是味道，怎么能因为讨厌四边形、喜欢六边形，就要求人家改变奶酪的形状呢。看来，卡兹还真是个任性又古怪的魔法师啊。”

佩蒂与罗格斯的理性选择之家

米娜沿着通往宫殿的路走了一会儿，视野变得豁然开朗，一片片马铃薯田出现在眼前。

远方，群山叠映，森林一片苍郁。

米娜自从登上这座小岛以后，除了“卡伯先生的山羊奶酪铺”以外，还没看到过其他房子。走到这里，才终于出现了几处民宅和谷仓，想必是栽种谷物的农家吧。

这时，米娜才突然觉得喉咙干渴得很。

她驶抵小岛的海湾时，就已经把航程中蓄存的雨水喝光了，上岸以后，偏偏又没找着水井或山泉，一直走到此处，她几乎滴水未进。

米娜又走了一阵子，终于在一座农舍旁边找到了一口水井。她心想，或许这户人家愿意给她一些水喝。

农舍挂着一面大门牌，上头写着“佩蒂与罗格斯的理性选择之家”。这个名称还真是奇特呢。

“请问有人在家吗？我可以讨些水喝吗？”米娜在门口喊道。

没多久，一个看上去年龄并不很大，眼窝深陷、形销骨立的高瘦男子，一脸茫然地踱了出来。他身旁是一名神情同样憔悴的女子。

看来，这男子可能是罗格斯，而女子就是佩蒂吧。他们衣服上的第六颗纽扣都是蓝色的，但两个人看上去似乎都非常顽固。

“不好意思，我可不可以要些井水喝。呃……您是不是身体不舒服？”米娜问道。

“我们没事儿，只是已经三天没吃东西了，两腿发软，连打个井水都没力气了。”罗格斯回答。

“哎呀，三天没吃东西了？那可不得了！”

米娜说完，立刻觉得事有蹊跷。因为屋旁就是大片的马铃薯田，水井旁的栅栏里也养着一群母鸡，地上还散落着鸡蛋。

尽管米娜认为可能不是这个原因，还是开口问道：“是因为没有食物可吃吗？”

“有食物，只是没人做而已。”这回换成佩蒂满脸不悦地回答。

“什么？难道你们不会做饭吗？”

“当然会，可我和罗格斯都必须遵守魔法师卡兹的规定。”

“他不准你们做饭吗？”米娜惊愕地问道。

倘若真是如此，那卡兹还真是个蛮横霸道的魔法师。

“不，不是的。佩蒂和我最近老是为了些小事吵架，于是我们去请教卡兹大人，想问问他有哪些避免争吵的方法，还是我们干脆分手算了。结果卡兹大人规定，我们意见不合时，就必须猜拳做决定。”罗格斯代替佩蒂回答。

“您说的猜拳，是手枪、墙壁、工人吗？”米娜诧异地问。

这种猜拳是以“手枪”“墙壁”“工人”的两两组合来决定胜负的游戏。“手枪”是把食指和中指并拢伸直，朝前比出手枪的形状；“墙壁”是将五指并拢，摆成墙壁的形状往前推出；“工人”是弯曲食指，向下勾出尖锄的形状。双方猜拳时，以“手枪”赢“工人”，“工人”赢“墙壁”，“墙壁”赢“手枪”的规则来决定胜负。

在米娜看来，用猜拳来决胜负，未免太草率了。她不认为用这种方式能解决争吵的问题。

“不是，我们猜拳时没有‘墙壁’，只有‘手枪’和‘工人’。”

“只用‘手枪’和‘工人’来猜拳？”

米娜这下子更加诧异了。这么一来，只要出“手枪”，不就保证获胜了吗？用这种方法，真能分出输赢吗？

“猜拳的规则是，输者必须听从赢者的意见吗？”

“是的，不过对平手还另有规则。卡兹大人规定：假如两个人都出‘工人’的话，双方的意见就各采纳一半，而且两人都得遵守执行；如果两个人都出‘手枪’，就可以互不理睬对方的意见，但是也不许自行其是。”

“那又为什么不能做饭呢？”

“罗格斯和我都认为应该由对方负责做饭，猜拳时都出‘手枪’，所以就不能做饭了。”这次是佩蒂答道。

米娜简直不敢相信自己的耳朵。他们要是都出“工人”，就可以分工合作，或是轮流做饭了啊。

当米娜建议他们这么做时，罗格斯却回答说：

“如果佩蒂打算出‘工人’，我出‘手枪’取胜才是上策；如果佩蒂想出‘手枪’，而我却出‘工人’的话，那我就输啦。我可不愿意做两个人的饭，佩蒂的想法也和我一样。”

至此，米娜已经听得目瞪口呆了。没想到这两个人竟然这么好强。

她心想，这么讨论下去也得不出什么结果，不如回到最初的话题，问问他们能否给她水喝。

“我们可以给你水喝，但不能白送给你，必须同样以猜拳的方式来决定。如果你赢了，从井里舀多少水喝都无妨。若是我赢了，你就必须舀两瓢水过来，倒进这个大桶，而且你不能喝这些水。如果我们都出了‘工人’，那么等你舀完两瓢水以后，就可以去井边喝水。若是我们都出了‘手枪’，那就什么事都不做。”

这个提议真奇怪。米娜想了一会儿，对罗格斯说：

“好，我同意。那么我出‘工人’，你也要出‘工人’。”

“依照猜拳的规定，双方不能事先约定出什么。”罗格斯面露愠色地说。

“是吗，既然如此，那么就不提前约定，但我会出‘工人’。”

“手枪、工人……猜拳！”

罗格斯出的是“手枪”。

“哈！我赢啦！”他坏笑着说。

“怎么可以这样！”米娜大声抗议。

罗格斯被她吓了一跳，缩了缩肩。

米娜用水瓢舀了两趟水，然后说：

“咱们再比一次！”

“什么？你还要再比一次？”

“没错，我还要继续比。这次你可要出‘工人’啊。”

“刚才我不是说过，不可事先约定出什么的。”

佩蒂与罗格斯的理性选择之家

“嗯，我知道。不过我觉得，这是对彼此的信任。”

罗格斯仿佛有些犹豫，但最后还是出了“手枪”。

“太过分了！你怎么可以这样呢！”

米娜懊恼又难过，泪水在眼眶里打转。倘若一直这样下去，恐怕她又会跌入低落的情绪中。

而罗格斯只是稍微露出一些抱歉的神情。

不过米娜实在太渴了，所以第二次舀了两瓢水之后，她又提出：

“来，再来一次！”

“什么？你还要比吗？可我们的水已经够了啊。”

“可是，我想要喝水啊！”

这一回，罗格斯总算出了“工人”，他看到米娜也出了“工人”，很明显地松了一口气。看来，他真是个好胜的人。

米娜也终于放下心来。因为她口渴得要命，实在没办法一直这样干耗下去。

就这样，她又舀了两瓢水，自己也终于喝到了水。

告别了这两个人，米娜不禁思索：

“他们到底打算挨到什么时候，才会去做饭呢？”

佩蒂和罗格斯总不能永远不吃东西，最后还是要有人先让一步，出“工人”才行。不过如果总是同一个人退让，他们终究还是无法和睦相处下去吧。

米娜猜测，魔法师卡兹一定也是如此考虑，才会定下这种诡异的猜拳规则，让他们两人自己决定，到底是要互相忍让，还是遗憾分手。

第二关

喝了水，米娜终于能稍做休憩了，然后她又精神抖擞地踏上了旅程。经过马铃薯田不久，路旁再度出现了长满红叶的树林。

穿过树林以后，小径分成三条岔路，每条路上都有一扇门。

这里同样立着告示板，有守门人站在旁边。守门人衣服上的第六颗扣子是蓝色的，相貌也十分忠厚。告示板上写道：

只有一条路可以抵达宫殿，另外两扇门则通往“死亡”之地。除了这座岛上的居民，任何人都不能向守门人发问。缺乏胆量挑战的外地人，请速回头，否则就只能选一扇门继续前行。

“这是第二关吧。这次的规定真苛刻啊。难道只能祈求幸运之神保佑了吗？”

米娜踌躇不前。尽管她已经听说必须克服重重障碍，才能够见到卡兹，却实在没有料到，竟然必须面临生死攸关的抉择。

米娜没有代表朝气的纽扣，从小就觉得活着很辛苦，好几次都想要以死解脱。可是后来她转念想道，不能放弃父母赐予的宝贵生命，自杀同样是严重的罪孽。

现在米娜面对的生死抉择和自杀的情况完全不同。米娜知道，不论自己死于何种理由，艾姆爱姆和耶姆堤想必都会悲痛欲绝。

“就因为缺少一颗纽扣，我不仅自卑孤僻，而且对艾姆爱姆和耶姆堤有时也会心怀怨恨，直到今天依然如此。我不愿意再这样活下去了。我希望能见到魔法师卡兹，请他赐给我第七颗纽扣。自己努力了这么多年，就是为了这个目标，这时候怎么可以说放弃就放弃呢。就算我运气不好，死在这里，艾姆爱姆和耶姆堤也一定会明白我的想法的！”

纵使心里这么思量，米娜依然犹豫不决。假如运气差而踏上死路，也只好接受。但选错路，会面临怎样的死法呢？米娜很烦恼，她不想受痛苦的折磨。

米娜想到岛上的风光和沿途欣赏的美丽红叶，还有卡伯先生的美味奶酪，这些都和沉重的死亡全不相干。她有一个预感，无论选择哪条路，最终总不至于遭到痛苦和折磨。

她终于鼓起勇气，做出了决定。

就在她孤注一掷，打算推开最左侧的门时，守门人慌慌张张地跑过来说：

“伟大的魔法师卡兹大人体谅你来自远方，特别嘱咐给你一次机会。在你所选的那扇门以外，把通往死亡之地的一扇门封起

来，”守门人接着补充，“所以我把中间的那扇门封上了。现在，你要选左边的门，还是选右边的门？两个选一个，你有二分之一的机会。”

米娜小声重复：“二分之一的机会？”

在她看来，无论选右边的门还是选左边的门，都没什么不同。既然如此，根本没必要多加推测或改变选择。

可是她总觉得有些不妥。果真是这样吗？

米娜花了很长时间仔细推敲。最后决定，不选左边的那扇门，改为推开右边的门。

为什么改变主意呢？她推论的过程是这样的：

守门人说，“在你所选的那扇门以外，把通往死亡之地的一扇门封起来”。假如我所选择的左侧的门能到达宫殿，那么中间和右侧的门都是通往死亡之地的，因此中间的门被封上的概率是 50%。

相反，如果是右侧的门能到达宫殿，那么我所选择的左侧的门就一定是通往死亡之地的。除了左侧的门，通往死亡之地的就只剩下中间那扇门了，所以中间的门被封上的概率是 100%。

换句话说，中间的门被封上的概率因通往宫殿的门不同而变化。在右侧的门可以到达宫殿的情况下，中间的门被封上的概率会提高一倍。所以自己不该选择左侧，而应该挑选右侧的门才对。

正如米娜所推论的，右侧的门通往宫殿的可能性，不是守门人所说的二分之一，而是三分之二！

当然，守门人说有二分之一的概率，只是因为他误以为如此，而不是故意说谎。即便是诚实的人，也未必每句话都是正确的。

还好，每当米娜有所疑惑，她都经过仔细思考才做出决定。

幸运的是，右侧的门果真可以前往宫殿。不过，这并不仅仅是因为幸运，还因为米娜在重要关头，不只勇气十足，更是经过了深思熟虑，这样一来就大大提高了做出正确选择的概率。

哲学村

选对了正确的门，米娜安心地继续往前走。前面就是宽阔的道路，除了不时能看到农舍与谷仓，沿途没有其他建筑，脚下只有一条路向前延伸，米娜也不必担心迷路。

傍晚将近，远处的群山淡影渐渐清晰，山谷间的平地上有几户人家。

米娜一直朝北走去，天空中暮色渐浓。

终于走到一个村落，再往前就是村落的入口，入口处又有一扇门，看来想见到魔法师卡兹，非得穿过这座村庄不可。

大门上写着“哲学村入口”，旁边站着一位守门人。

米娜紧张地想，难道这里是第三关吗？她不由自主地将目光移向守门人的第六颗纽扣，是蓝色的。这名女守门人一脸严肃。

“不知道她会丢出什么可怕的难题来呢？”

米娜有些焦虑起来。她正想问守门人是不是穿过这座村庄，就能到达魔法师的宫殿，守门人却先开口对米娜说道：

“您想申办移民吗？”

“什么？”

米娜反问。她不明白“移民”的含意。

“恕我失礼。您是岛外人士吧？”守门人看着米娜身上的“诚实”纽扣说道。

米娜的扣子是美丽的祖母绿，和岛上居民的蓝色或红色不同。

“嗯？”米娜还是不懂女守门人的意思。

“就是指居住在岛外的人。我方才问您是否要申办移民，是指您打算定居在这座村庄，还是只想借道通过。”

“只是想借道通过。我想去魔法师卡兹的宫殿。”

“这样的话，穿过这座村庄是最近的路。我帮您办理通行证吧。请在这张申请表上填写姓名、来自什么地方、将要前往何处，以及要在这个村庄停留几天。还要缴纳 10 斐罗的通行费。”

米娜猜测“斐罗”可能是货币单位。可是她身上没有这座小岛的钱。她据实相告后，守门人说：

“那么，根据《关于发放岛外人士通行证的相关规定》，也可以免缴通行费。但是，您必须出席哲学村的会议，并在会上提出建设性意见。如果主席判断您的意见具有建设性，即可免缴通行费。”

“建设性意见？”

“也就是有用的意见。”

米娜还是不大明白。她更想知道的是，除了穿过这座村庄这条近路，是否还有其他道路能通往宫殿。于是，她问守门人：

“如果不经过这座村庄，还有其他的路吗？”

“这座村庄大部分是平坦的椰桔田，平原两旁是小山，山脚便是村界。有一条路可以绕过村庄，但必须爬过一座小山。您若沿着刚才走过来的路继续往前，穿过村庄，后面是一座森林，走出森林有一条村民开辟的小路可通往宫殿。因此，这里通常是要向过路人收取通行费的。您现在有两个选择：翻过小山走到绕过村庄的那条路，或者参加会议发表意见。”

米娜从没听过“椰桔”，猜想应该是农作物的名称吧。她抬眼眺望两旁的小山，山上长满了茂密高挺的树木，到了晚上恐怕会迷路，便决定从村庄穿行而过。她在申请书上填上：

“画家艾姆爱姆与医生耶姆堤之女：米娜”

“来自南方的岛屿，要到魔法师卡兹的宫殿”

“预计在村庄里住一天”

米娜填完以后，便走进了大门。虽说要在这里住上一晚，可她并不打算到别人家留宿。米娜身上背着睡袋，她准备找个不会打扰别人的地方休息，等天亮以后再出发。

米娜很快找到了哲学村的会议所，会议正好刚要开始。会场里写着议题是“关于移民标准的讨论”。

米娜出示了通行证。

“哦，您是岛外人士吧，这边请。”

有人领着她来到摆有“普通参会者”牌子的第一个座位上。

讲台上坐着三个人。坐在正中央座位的人面前放着写有“主席”的桌牌。他的两侧各坐一人，分别面向主席。这三人衣服上的第六颗纽扣都是蓝色的。米娜这时才发现，自从她进入这座村庄，还不曾看到红纽扣的人。

米娜刚入座，会议就开始了。

主席首先发言：“各位，我现在宣布会议开始。今天的议题是，是否要变更移民的标准。也就是说，要不要沿用老规矩，用第六颗纽扣的颜色作为接纳移民的标准。关于这一点，今天特别邀请分别持有不同意见的康德先生和莫顿先生与会。各位出席者也请自由发言。首先，请康德先生发表意见。”

“谢谢主席。大家好。我赞成过去的做法，采用第六颗纽扣的颜色作为移民标准。说得更具体些，我反对第六颗纽扣是红色的人成为我们的村民。因为说谎是坏事，我们有义务陈述事实。我坚决反对不遵守这种义务的人成为本村居民。”康德先生说道。

“我反对康德先生的意见。哦，各位好。”这次是莫顿先生发言，“我认为，就算是说了谎，也并不能就此断定一个人一定是坏人，最终的结果才是关键。好比魔法师卡兹有时会说假话，但我们曾经因此吃过大亏吗？尽管卡兹有些率性随便，但在多数情况下，他通常会带来美满的结局。所以，真正的关键在于，能否带来圆满的结果。”

“哼，魔法师卡兹是个吊儿郎当的人，谁都拿他没办法。”康德先生沉着脸说道，“我和莫顿先生持相反意见。假如必须依据结果来判断说谎是好还是坏的话，我们该如何教导孩子什么是对的、什么又是不对的呢？判断某件事的好坏，不该采用结果论，而应该根据行为本身的好坏。说实话就是对的，说谎话就是错的。而且真相只有一个，认同了谎言，真实和虚假就会混淆不清。”

“不对不对，康德先生说‘真相只有一个’，才不是这样呢。各位应该还记得预言家艾特和椰桔种子的故事吧。这个古老的故事告诉我们，预言是否成真，取决于我们是否相信它。哦，或许年轻人没听过这个故事吧。那么，我先来讲一讲。”

于是，莫顿先生开始娓娓道来。

“就像各位知道的，本村的特产是椰桔粉以及用椰桔粉烘焙的面包。

“农夫每年会从前一年收获的榔桔种子里，挑选一部分送到公共仓库，以供明年播种。剩下的则由农户各自卖给村里的磨坊。到了初春，仓库再把种子分给农夫播种，培育当年的幼苗。

“大家一起贮存和分配苗种，是很久以前村里开会决定的。因为农夫竞相培育优良的榔桔虽是好事，但他们也希望不受种子好坏的影响，大家都使用质量相同的种子，各自施展不同的培育方法，更精心耕作的农夫就能把自己收获的榔桔卖到好价钱。

“可是，这项制度有个漏洞。我想我们村里应该不至于有这种人，但的确可能有坏心肠的农夫，把质量优良的种子留下来卖给磨坊，把质量不佳的种子送到仓库。这么一来，大家来年就只能播种质量堪忧的种子了。

“所以，我也能理解，康德先生为何要强调‘诚实最重要’。

“为了避免发生这种情形，村民们设计了一套流程，由仓库的人来筛选收进仓库的种子，而不是由农夫自己挑选。大家通过这套共享优良种子的制度，成功地改良了全村的榔桔品种。

“可是有一年，有一位名叫艾特的岛外预言家来到这个村子。他说自己通晓操控天象的魔法。艾特有一根能在夜晚发光的棍子，还有一只能传出雷声般巨响的箱子，让村民们非常害怕。

“起初，没有任何人相信他拥有操控天象的魔法。

“直到有一天，艾特做了一个预言：‘明天是万里无云的好天气，但到了正中午，太阳就会消失。’

“所有村民都当他在胡言乱语。然而，第二天却真的发生了如此不可思议的景象。那光景既恐怖，又美得炫目。原本从叶缝间洒落点点光辉的太阳，呈现出宛如新月般娇美的形状，到了正午时分，太阳果然如他所说的倏然消失。过了一会儿，才又重新放出耀眼的光芒。

“从那一天起，大家就开始对艾特的魔法深信不疑。

“各位都知道，槲桔不耐日晒。幸好那一年算是雨水丰沛，可是不知道哪一年又会干旱缺雨。届时，想必艾特的魔法能发挥作用吧。村民们如此盘算着，无不将艾特奉为上宾。

“过了些日子，艾特想娶村里的某个姑娘。那位姑娘不喜欢艾特，但有些村民认为，她应该为了村庄嫁给艾特。

“于是，村民们就在现在这间会议所里开会讨论。最后的决议是，假如那位姑娘不想嫁给艾特，就不需要勉强自己。我认为这个决定是正确的。

“没想到，艾特听到这个消息后怒不可遏。他愤恨地说完预言以后，便离开了村庄。他的预言是：

“‘自明年起，你们这些村民就再也吃不到槲桔面包了。’

“村民们顿时陷入恐慌。由于槲桔不耐酷热，因此有的村民听到这个预言就开始散播流言，说从明年开始，一定会发生严重的干旱，使槲桔苗种全都枯死。这么一来，不只是那位不愿嫁给艾特的姑娘，连村长也备受责难。

“就在人心惶惶之际，开始有人提议，既然今年是最后一次能吃到椰桔面包，那明年就不用分配苗种了，因此希望索回公共仓库里的种子。他们认为，既然明年就算播种也种不活，还不如现在就把种子全部磨成粉用掉。

“起初只有一个人这样想，接着又出现了第二个人，没多久，许多人都争先恐后地抢着讨回种子。

“原先半信半疑的村民，在目睹了其他村民争相索回种子的景象以后，也开始相信一定会发生严重的干旱。他们开始觉得，只有自己缴交种子被全村平白糟蹋，实在很不公平。

“魔法师卡兹听到这个流言，立刻飞奔到村里郑重告诫村民：

“‘明年不会发生大旱灾，绝不能把所有种子都用光！’

“然而，没有人把卡兹的话当真。因为虽说他也是魔法师，村民们却从不曾看到卡兹施展过艾特那样的神奇魔法。

“到最后，仓库被横扫一空，所有种子都被磨成粉，做成面包，吃进了村民的肚子里。

“第二年，气候和前一年一样，依然雨量丰沛。可是，该拿来播种的种子，却已经一粒也没有了。

“结果正如艾特所预言的，这一年没有任何村民能吃到椰桔面包。预言应验了。

“假如村民们都不相信艾特的话，预言就会成为谎言。然而因为村民相信了它，预言竟然成真了。这就是预言家艾特和椰桔种子的故事。”

说到这里，莫顿先生拿起一旁的水杯喝了一口水，继续说道：

“然而今天，我们很幸运还能吃到榔桔面包。这是为什么呢？这是因为，在谁都吃不到榔桔面包的第二年初春，魔法师卡兹拿来了一袋榔桔种子。这是卡兹为了村民悄悄保存下来的。尽管少得根本不够一家农户播种，村民们依然将它种下，细心地照顾幼苗，再将收获的新种子全部留到来年继续播种。之后的一年，以及再之后的一年，都像这样育种。几年以后，村民们终于再次吃到了榔桔面包。康德先生说，魔法师卡兹是个吊儿郎当的人。的确，那位魔法师有时候确实有些随性。不过，卡兹当时做的这些事儿，我们可绝对不能忘了。”

“可是有时相信一件事，反而也会导致相反的情况。”

有个声音说，似乎是一位普通参会者。

“我是农夫艾司比，每年我都会栽种榔桔。各位已经知道，榔桔很怕日晒，所以长久以来，每当艳阳高照，我就会向老天爷祈雨。可不管我怎么央求，老天总是不肯下雨。我心想，会不会是老天爷不愿意聆听我的祈祷呢。于是，我打算求证一下。

“我把向老天爷祈雨的日子画上记号，也将每天是否下雨记录下来。经过了一段时间之后，我统计了这些记录。结果令我非常吃惊。在我祈雨的次日下雨的情况，五十天中竟然一次也没有。而我没有祈雨的时候，七天之内就有一次以上是第二天下了雨的。

“这下子我总算恍然大悟了。只要我祈雨，老天爷就不会下雨。所以说老天爷才不在意我的死活呢。”

从会议开始到现在，米娜一直没有发言。因为她必须提出建设性意见，这一点让她颇感压力。

不仅如此，康德先生和莫顿先生之间的争论，也让米娜实在难以发表意见。

米娜学习过关于日食的知识，她知道艾特的预言并不是什么伟大的魔法，但这不是主要议题，所以她忍住没有说话。

可是，对于艾司比先生的误解，她觉得应该帮助他澄清一下比较妥当。

于是，她鼓起勇气开口说道：

“不好意思……”

所有人一齐看向米娜。米娜有些紧张地往下讲：

“我是米娜。今天为了取得通行证，特意来参加这次会议。艾司比先生，我认为老天爷没有不管您的死活，请别灰心。您是在出太阳的日子祈求下雨，在经常下雨的日子里，就没有祈雨了吧？”

“那还用说吗！”艾司比先生旋即回答。

“这么说，也就意味着您是刻意选在不太可能下雨的时候才祈雨。我想，正因为这个原因，您祈雨的第二天才都没有下雨。”

“哈哈哈，米娜小姐说得没错。艾司比先生，不是因为你祈雨，所以才没下雨啦。你可错怪了老天爷喽。”康德先生笑着说。

“不不不，哪儿的话，我哪敢怪老天爷呢。我只是叹息老天爷没理睬我罢了。”

艾司比先生挠着头，露出了惶恐却又释然的表情。他的回答和动作实在十分逗趣，惹得全场哄堂大笑。

“安静！安静！”

主席赶紧维持现场秩序。

米娜心想，自己总算提供了有用的建议，这下应该能拿到通行证了。主席却只是催大家继续讨论：

“现在似乎有些离题了。我们回到原本的议题上吧。”

很可惜，米娜的期待落空了。

“那么，就如主席所说的，回到主题讨论吧。莫顿先生，您刚才说的艾特和椰桔种子的故事，为什么可以用来反驳我的意见呢？”康德先生提出了质疑，“我觉得，刚才莫顿先生那则故事的意思是，发生大旱灾的流言是谎话，人们因为相信这个谎言而采取的行动，导致了椰桔种子断绝的困境。也就是说，说谎或说错话确实不对吧。”

“不对。”莫顿先生反驳道，“我想说的是，有时候，相信某件事，这件事就会成真。也就是说，如果谎言能让人们相信会有好结果，而不是坏结果，并且最后真的一切圆满，不是也很好吗？我的想法是，结果才重要。我来举个具体例子吧。”

莫顿先生接着说：“比如，面对病入膏肓的患者，医生如果据实告知‘你大概没救了’，恐怕大部分病人都会失去求生的意志吧。相反如果医生告诉他‘你一定会康复的’，病患多半会信心十足。而满怀希望能提高疾病治愈的概率。当然，也有些人可能是了解真相才能得到更好的结果。不过，对那些觉得要充满希望才会有好结果的病人来说，哪怕撒谎，也应该告诉他‘你一定会康复的’，不是吗？”

米娜想起了自己的医师爸爸耶姆堤。他总是积极地鼓励那些失去生存意志的重病患者。米娜很能体会莫顿先生的这番话。

“莫顿先生，这可不对吧。”康德先生反驳道，“结果其实也得看运气。告诉病人他一定会康复，病人也相信了，可如果最后发现还是无法得救，他反倒会觉得自己受骗了，那不是更痛苦吗。假如全凭运气，万事顺遂就是好，不尽如人意就是坏，那我们就都得靠运气来判断好坏了。一件事是好是坏，既不应该看结果，也不应该靠运气，而应当根据事物本身来判断。没有什么能胜过事实。说出真相永远是对的，而不论结果如何，说谎绝对是不对的。因此，我反对接纳第六颗纽扣是红色的人成为我们的村民！”

米娜觉得康德先生的话不太合理。譬如卡伯先生虽会说假话，却是个心地善良的人；相较之下，佩蒂和罗格斯尽管不会说谎，却不太讨人喜欢。

听到康德先生说“说出真相永远是对的”，米娜蓦然想起一件往事。

这件事发生在米娜还是小学生的时候。有个年纪比她大、常欺侮她的孩子又在讥笑她：

“六颗扣子的米娜！你的第七颗扣子上哪儿去啦？”

这时，个头矮小的彼特恰巧在米娜身旁，他责备欺负米娜的大孩子：

“不准这样说！”

“我说的是实话，有什么不对！”出言不逊的大孩子马上回嘴。

彼特听到这句话，只能满脸不甘心地一声不吭，米娜心里陡然生起一阵恐惧。

米娜后来才知道自己当时为何会害怕。她畏惧的不是大孩子讥讽的言语，而是他的冷酷心肠，刻意出口伤人，却以事实为由，认为“说实话有何不对”。

康德先生的观点，勾起了米娜的痛苦回忆。

所以，米娜实在无法认同，哪怕说的是事实，据此伤害别人的做法也不可能是正确的。

或许因为康德先生是个诚实的人，不曾想过有人竟会故意出口伤害对方。

米娜发现了康德先生的盲点，便再次鼓起勇气说：

“不好意思……我觉得，也许说话者的真正用意，才是关键所在。一切都要取决于是否为对方着想，取决于说的是善意温暖的话，还是刻薄无情的话。假如是出于关怀，即使事后发现是谎话，听者也绝不会认为自己受骗了；反过来，如果没有为对方着想，纵然说的是事实，同样也会深深地伤害对方。”

康德先生听完以后的反应却与米娜的感受完全不同。

“什么，说话必须出自关怀？可是，该怎么区别温暖和冷酷呢？啊，我明白了！你的提议是，不该根据第六颗诚实的纽扣，而是要以第四颗感情的纽扣作为移民的标准吧。”

“不，不是。我的意思不是以纽扣作为判断标准。何况扣子的颜色和形状都可能会改变……”

米娜心里想，或者原本欠缺的纽扣也可以补上的，却没有把这句话说出口。忍耐许久的悲伤一下子涌上心头。

“这么一来，根本就不能当作评断的标准嘛！”康德先生说。

康德先生的这句话，让米娜顿时明白过来。这个会议所讨论的移民标准，也是评断人的标准。

“因为纽扣不同而歧视别人，太过分了！”她不假思索地说道。

“那么，您认为应该以什么作为标准呢？”主席问道。

“我不知道。但我认为，一个人现在在做什么，或者以后想做什么更重要，而不是他穿着什么样的衣服。我喜欢诚实和温厚的人，不过仅以第六颗或第四颗扣子作为判断的标准，未免太武断了。”

听了米娜的发言，主席说道：

“这种模糊不清的意见派不上用场啊。你的发言完全没有建设性！”

米娜非常失望。她绞尽脑汁想出来的意见，竟被认为没有建设性。

就在这个时候，一阵天摇地动。

“地震啦！”

米娜仿佛听到有人大喊一声，但她只觉得天旋地转，感觉天花板好像塌了下来，接着就失去了意识。

米娜醒过来时，发现整个会议所已经崩塌成了一堆瓦砾。所幸她只受了轻微的擦伤，伤势并不严重。

米娜环视四周，忽然听见身旁的瓦砾堆下传来康德先生的呼救声：

“谁来帮我把头上的门板搬开啊？”

倒下的门板就像屋顶一样，不偏不倚地压在康德先生的头上。米娜使出浑身气力把门板搬开。她的手臂虽然纤瘦，但她在成为航海员时接受的训练，在这紧急时刻发挥了作用。

康德先生总算从瓦砾堆下晃着脑袋走了出来。他的头部似乎

受了伤，淌着鲜血。

米娜赶紧帮他察看伤口，然后告诉他：

“没事的，只是小伤，不必担心。”

康德先生听了笑着问道：

“你说的是真话吗？还是用来鼓励我的谎话呢？”

这时，救援队终于赶到了现场，看来是毫发无伤的莫顿先生把他们带过来的。

康德先生告诉救援队员，主席还埋在瓦砾堆下，恐怕伤势严重，必须尽快救他出来。接着，他转身对米娜说：

“你刚才说要关怀对方。说起来，事情的结果就像遇到地震时得靠运气，没法作为评断正确与否的标准。动机确实很重要，不能只看是真话还是假话，还得分辨说话的动机是善意还是恶意的。

“看来，我们必须重新讨论移民的标准了。真实不只体现在表面，有时候它还会隐藏在人们的心里。嗯，谢谢你。你今天的发言很有建设性，我会这样告诉主席的。你先让医生检查一下有没有受伤，好好休息，接下来你就继续你的旅程吧。我必须留在这里协助救援队员，这是我的道德义务。”

“我也留下来一起帮忙！”米娜立即表明要提供协助。

结果，原本打算只在哲学村里“住一天”的米娜，后来又多待了一段时间。她和救援队员一同救助地震中受灾的村民。

“谢谢你，多保重！”

米娜在众人的欢送下，带着他们赠送的椰桔面包继续踏上旅程，这时已经是好几天后的早晨了。

孤独之森

出了村庄，小路一直延伸到两座小山之间的山谷里。

走进山谷，树木更为茂密，小路隐没在森林之中。眼前不再是刚才色彩绚丽的红叶林，变成了浓绿广披的针叶林。

此时分明是早晨，阳光却被蓊郁的树冠完全遮住，继续往前走，昏暗的光线竟如黄昏。仅能从叶缝间洒落的光线，分辨出树林外的明亮。

再朝前走，森林似乎更加幽暗。在一处树木较少、略微亮些的地方，立着一块醒目的告示牌。米娜趋前一看，上面写着：

> 再往前走就是孤独之森。它会给“独自旅行”的人带来无法承受的痛苦。请务必沿原路回去。

米娜驻足半晌，觉得不大对劲。哲学村的村民告诉她，离开村子以后，只需沿着村民开辟的林道往前走就行，不会迷路。没有任何人提醒过她，这片森林叫作“孤独之森”，会让独自旅行的人痛苦得无法忍受。

尽管哲学村的许多人喜欢长篇大论，但是大家都很和善，实在无法想象他们明知道米娜单独旅行，却没有事先提醒她。

这块告示板还是簇新的。她又重读了一次，注意到“独自旅行”的部分加有引号。

米娜想起来，之前也曾看过另一块相似的告示板，就是立在第二关门前的那块牌子。

那块告示板上写的是“只有一条路可以抵达宫殿，另外两扇门则通往‘死亡’之地”，“死亡”两字也同样加了引号。

不知道这个引号是什么意思？

当时，曾有守门人跑过来，把魔法师的留言告诉了米娜。

难道这块新设立的告示板，也是魔法师卡兹给我的留言吗？

米娜想，既然这个岛上的告示板都是可信的，那么特别把“独自旅行”这几个字加了引号，或许真的另有含义吧。

米娜思忖片刻。她猜想，独自旅行的人可能无法忍受魔法或其他的神秘力量，才会无法独自穿越这片森林吧。如果是这种痛苦的话，她认为自己应该能够承受。

米娜从小就希望独处，因为她讨厌被人恶言挖苦，总是避开别人的目光。父母对她的格外呵护，反倒成了负担，这也是她想独自生活的缘故。

“我从前就习惯独处，就连只身航海也不觉得害怕。所以，要通过这孤独之森应该不成问题。”米娜喃喃自语道。

不过，米娜也有些不安。尽管一直坦然面对自己，但她心里很明白，自己在内心深处还封印着一片禁区。她也知道，自己脆弱的心灵很容易受伤。

但米娜又想，既然已经来到这里，就再也不容回头了。然后，她终于下定决心，举步踏入了森林。

走进森林，树木变得更加密密丛丛，几乎没有光线射入林间。这里原本应是寂静无声的，但不知为何，仿佛总有风声掠过耳际。

起初只是呼、呼的风声，没多久，风声逐渐变成了人们窃窃私语和哄闹的声音。

“妈妈，你看那个女孩，她只有六颗扣子！”

“不行，不要用手指！这样她会难过的……”

“喂，六颗扣子的米娜，你的第七颗扣子上哪儿去啦？”

“啊，那孩子竟然……，唉，真可怜呀！”

米娜不由得捂住了耳朵。这些全都是她想忘掉的话。

可是，那些声音仿佛还在耳中回荡，即使米娜捂住了耳朵依然音量不减，仍旧听得清清楚楚。

自从进入这座森林，各种往事不停涌入米娜的脑海。

米娜听到这些话，就想赶快逃开，因为她害怕自己再次受到伤害。

以往只要遇到这种情形，米娜就会通过思索自己为什么想要逃走来保持理智。

她以前也曾想过，为何每当听到这些话，不论是孩子们的嘲讽，还是大人们同情和可怜她的话，她都会想躲得远远的。

米娜当时找到的答案是，别人强加在她身上的令人怜悯和同情的印象，只是自己在别人眼中的形象，而这和米娜平时意识到的内观自我是不同的。

米娜认为的“内观自我”包含很多方面：喜欢或讨厌哪种书、哪些学习科目、哪些食物、哪些类型的人、自己的哪些性格，以及为什么会这样等。这样的自己虽然不足以自豪，但也无须感到自卑。

然而，“别人眼中的自己”有一个最明显的标记，那就是“少了一颗纽扣的孩子”。每当别人把这个特征强加给她，宣称“这就是你”时，她分明没做任何坏事，却好像真的做了坏事一样。因此她总是想逃离这种不愉快的情境。

米娜回想起在哲学村的讨论。康德先生说“这么一来，根本就不能当作评断的标准嘛”时，米娜觉得不能苟同，并立刻做了反驳。

在她看来，哲学村竟然以第六颗纽扣是蓝是红，作为移民的判断基准，这种思维与认为没有七颗纽扣就不完美没什么两样。

此刻的米娜，越来越清楚地知道为什么自己听到那些同情的话，就会想赶紧逃开了。

因为她觉得，那些投向自己的眼神中，除了关怀，更多的是对“社会边缘人”的“怜悯”。这种目光的注视让她明知没有做错任何事，却总感觉自己是无用之人。而这正是让她受到伤害的原因。

的确，米娜很久以来都无法摆脱悲伤，对父母亲也很难谅解，并为此讨厌自己。正因为如此，她才一路努力到现在，希望获得那颗代表朝气的纽扣。

米娜非常了解自己内心的症结。

不过她现在开始觉得，或许问题不只出在自己身上。单凭第六颗纽扣是红色的，或者没有第七颗纽扣等片面的理由，就判断一个人是无用之人，这种社会也应该负起相应的责任。

米娜试着聚焦于自己和他人的想法，原本在耳畔喧嚣的嘈杂声，似乎逐渐平静了下来。

不过，米娜要面对的考验还没有结束。

当米娜不再介意风中的嘈杂声，稍微释怀之际，前方的阴暗处忽然出现了一座舞台。一幕情景浮映出来，犹如呈现在聚光灯下。

她看到八岁的米娜正从学校教室眺望窗外。可能刚好是下课时间，教室里空无一人。

现在的米娜知道，年幼的米娜在眺望窗外校园里玩耍的同学。不过，现在的米娜并没有看见同学，她只看到自己孤单的身影。

忽然间，又出现了另一幕画面。这次是十二岁的米娜在学校的自助餐厅里吃午饭。

她独自坐在角落的座位上。其他同学全坐在一起，边吃饭边开心地聊天。此时的米娜听不到谈笑声。同学们只顾着聊天，根本没留意到孤零零的米娜。

米娜应该是自己选择了远离大家的座位。然而，一个人坐在远处的米娜，不时抬眼望向兴高采烈的同学们。不多久，她移开视线，开始望向餐桌旁的窗子。此时的米娜还记得，那窗户上装着磨砂玻璃，根本看不见外面的景象。

紧接着，画面又变了。这次是十六岁的米娜，在学校的图书馆里读书。图书馆里还有其他学生，米娜却完全无视他们，全神专注在书本上。

忽然，米娜听到同学妈妈的声音：

“那个女孩总是孤零零的，她不觉得孤单吗？”

“孤零零的有什么错？我根本没什么错！”

米娜不禁开口反驳，但声音却很虚弱。

大人们总是自以为是，认为“一个人会孤单，这样不好”，这让米娜非常生气。

可是，米娜又感到莫名的不安，她踏进孤独之森时即已潜藏在心底的不安。

就在这个瞬间！一幅更为清晰的画面映现在她的眼前。

她一直将这幕光景深深地埋在心底，每当想起，悲伤就会像一颗小小的炸弹，要将她的胸口炸裂。

艾姆爱姆放声痛哭，将幼小的米娜紧紧地搂在怀里。艾姆爱姆和耶姆提为各自的过错互相道歉。

之前，每当米娜想起这幕情景，总觉得艾姆爱姆很可怜。但现在她除了感到悲伤，更想狠狠地责怪她。

你为什么做出让自己懊悔的事情来？

你怎么能忘记缝上那么重要的扣子？

为什么？为什么只有我是这样的？

这时，米娜眼前又浮现出另一幅画面，那是她深埋在心底的痛苦往事。

“你只顾全心忙着工作，扔下我孤单一人。我实在太寂寞了，才喝下了能让人忘掉忧伤的魔药。就是因为这种魔药，我忘掉的这些孤寂感情才都刻印到了尚未出世的米娜心里。何况，我还忘了缝上第七颗纽扣！我真的不知道、不知道事情会这么严重！”

这是艾姆爱姆的声音。

那时，艾姆爱姆也同样是在对耶姆提哭诉。就如同许多年前，艾姆爱姆紧紧地搂着幼小的米娜伤心哭泣的那一天一样。

耶姆堤也和当年一样，安慰着艾姆爱姆并责怪自己的过错。少女米娜在父母房门外偶然听到了他们的这些对话。

“只是因为觉得孤单，只是因为非常寂寞，妈妈就忘了帮我缝上纽扣吗？就为了这小小的原因！”

米娜实在是恨极了。毕竟这是她心头最难以承受的重担，也难怪她会这么想。

“可是我也跟妈妈一样，总是在逃避现实。”

这时，耳边忽然响起米娜自己的声音。之前常有人说，她长得很像妈妈。

“嘿，爱哭鬼，六颗扣子的米娜，你又要逃跑啦？”爱欺负人的孩子这样嘲笑道。

“我才不是要逃跑呢！我只是想一个人静一静！”

米娜不由自主地喊了出来。

话没说完，耳畔再度传来米娜自己的声音，在风中不停地回荡：

“不对！其实我根本不喜欢独处。可我总是孤零零一个人，没人理睬，孤单一个！只是想逃避，不想面对，只想躲得越远越好！因为我害怕受伤，我承受不住！我就跟艾姆爱姆一样，跟她一样孤单无助！”

“我就是我，别拿我跟别人相比！”米娜激动地喊出声来。

然而米娜的声音，旋即又变成众多不断袭来的哄闹声。

“我再也不要什么朝气的纽扣了！魔法师卡兹有什么了不起！我现在就要回家，我不想再看到这些鬼东西了！”

但充满恶意的哄闹声依然纠缠着米娜不放。

纵使知道抗拒也是徒劳，她还是把耳朵捂得紧紧的。

米娜再也无法忍受这汹涌而来的哄闹声，拼命地沿着来时的路狂奔起来。

然而路面昏暗，她突然被什么东西绊住，狠狠地摔了一大跤。

米娜挣扎着想从地上爬起来，忽然看见眼前的黑暗之中，散落着隐隐泛着白色的光点，仿佛发出黄色光辉的星星。

原来是她帮卡伯先生切的奶酪，以及哲学村的村民送给她的椰桔面包。她跌到地上时，把揣在怀里的篮子甩了出去，面包和奶酪散落一地。

诱人的香味飘了过来。

米娜捡起面包和奶酪，从地上爬了起来。她下意识地咬了一口宛若六边形星星般闪烁着光芒的奶酪块，浓郁的乳香顿时在嘴里扩散开来。

“怎么可能，才不是只有我一个人呢。有许多喜爱吃我的奶酪的人和我一起工作呢！”

米娜仿佛听到了卡伯先生的声音。

卡伯先生当时满脸自豪的神情，也浮现在米娜眼前。不知道为什么，米娜觉得这一刻，卡伯先生的这番谎话却好像反而是真的。

紧接着，又一幕情景掠过她的脑海。那是当她向艾姆爱姆和耶姆堤报告自己取得了航海员资格时，他们充满欣慰与自豪的神情。

米娜又回想起来，孩提时代，每当她学会一种新本领，父母总是欣喜不已。可惜长久以来，她已经忘了这些情景。

“是啊，我绝不是孤零零的一个人。从小到大，父母始终给我满满的关爱。”米娜想到了佩蒂和罗格斯。他们虽然住在一起，但两个人满脑子想的都是不愿吃亏，不想输给对方，反而比一个人的米娜还要孤单。

蓦然间，耶姆堤亲切而温柔的声音，宛如射进这片昏暗森林里的一道光束，从空中传了过来：

“因为我觉得全家人在这里可以过更悠闲的生活啊。”

是啊，父母就是我真正的家人啊！

悲伤渐渐散去，米娜比方才平静了许多。她拿起椰桔面包咬了一口。

清甜的味道，宛如清晨日出时大地的景色。

米娜又回想起村民们依靠魔法师卡兹保存下来的一小把种子，花费多年的时光和辛苦的付出，才终于再次吃到椰桔面包的故事。

在她看来，这块面包饱含着村民们精心培育椰桔的生命活力。

与此同时，米娜仿佛又看到自己帮助地震灾民时，村民们露出的由衷的喜悦表情。

此外，米娜还想起了莫顿先生说的艾特的预言：相信一件事，它就会真的变成现实。

米娜不再害怕了。她转过身来，朝魔法师卡兹的宫殿走去。

耳边的嘈杂声再次喧闹起来，仿佛在做最后的挣扎。米娜坚定地说：

“我并不孤独。人们之所以害怕孤独，是因为他们只想着自己，所以反而会落得孤零零的下场。我不认为自己孤单。我既不害怕孤寂，也不是只考虑自己的人，所以我绝不会变成孤独无依的人！”

语声未落，哄闹声已远去。米娜的心绪随之平静下来。

她抬头往前望去，无数道阳光射进了蓊郁的森林。

米娜深深地吸了口气，调整好呼吸，以踏实的脚步向前迈去。

最后一关

米娜又往前走了片刻，林木逐渐稀疏，道路再次绵延着通向红叶树林。

穿过树林，眼前景色变换，远方有座金黄色的小山。一条平缓的小径通向半山腰，在那半山处有座大门。似乎只有一扇门，看不见门后的路。从这里走过去，大概用不了一个小时便能到达大门。

没想到实际走起来，米娜却花了更多时间。

尽管很平缓，但毕竟都是上坡路，米娜爬得筋疲力尽。

直到两条腿开始酸痛肿胀，她才总算爬到了门口。这时，太阳已渐渐西斜了。

米娜到了门前，才明白过来为什么实际距离要比预估的远这么多。因为这扇门虽然和前面几扇门的样式相近，却要大出许多，而且山路也是越往上越宽。

米娜误以为门的大小都是相同的，路宽也是固定的，才会导致目测不准。

“难道这位魔法师卡兹很喜欢捉弄别人吗？”米娜忍不住犯了嘀咕。

这扇门没有守门人，直接敞开着，只有一块告示板立在门前。板上写着：

穿过大门以后，右边上山的路可通往宫殿，左边下山的路也可通往宫殿，请自由选择，回头亦可。

看完以后，米娜放心了。这次看起来没有什么危险，好像也不难。

“不过，这是为什么呢？怎么会往上爬和往下走，都能到达宫殿呢？”

穿过大门以后，山路分成两条。米娜站在视野良好的分岔路口往左右张望，的确，右边的路从右侧绕过小山之后是继续向上的，而左边的路则是从左侧绕过小山往下走。

既然两条路都能抵达宫殿，可见宫殿一定位于山的背面。

想到双腿已经胀麻酸痛，向上的山路似乎很难爬，相较之下，往下走要轻松多了。

“不过，两条路都能通往宫殿，这是怎么办到的呢？是不是使了什么魔法呢？或者这也是故意迷惑别人的恶作剧呢？”

米娜在原地思考了一会儿，最终决定选择右边的路。她拖着沉重的脚步，继续攀登。

她绕过小山往上爬。最后一扇门从视野里消失后，山背面的景色开始出现在眼前。

放眼望去，夕阳即将沉入那无边无际、湛蓝而静谧的北方之海。

又走了一会儿，米娜便抵达了山顶。这时她才发现，这座山在大门的那侧是铺满小麦色草地的缓斜丘陵；而背面却是耸立在大海之上的峻岭绝壁，教人望之胆战心惊。

山顶上有块半圆形的平地，靠海的那侧就像圆形的直径，是笔直的岩岸。岩岸的中间部分有一栋装饰精巧的建筑。不过，要

称为宫殿，似乎未免太小了些。

米娜走向建筑物，发现这正是魔法师卡兹的宫殿。就在她站到门口的那一刻，六边形大门自动敞开，引领米娜来到了魔法师卡兹办公的房间。这个房间同样是六边形的。

魔法师卡兹

魔法师卡兹是一位六十来岁的男士，身上披着一件乍看上去是深蓝色的斗篷。

仔细端详他的斗篷，可以看到蓝底上密布着数不清的黑色几何图案。斗篷最大的特征是，代表“创造与美感”的那颗纽扣是以钻石制成的，闪耀着炫目的光芒。

米娜望向他的第六颗纽扣。她很想知道，魔法师卡兹该不会有颗红纽扣吧。

那是一颗马赛克式样的六边形纽扣。看起来像是由各种颜色的小石子拼贴起来的。

魔法师看到米娜直盯着他的纽扣，便像辩解一样对她说：

“哦，你在看第六颗纽扣的颜色吧。我虽然在这座岛上工作，但一个人住在隔壁的小岛上。对我来说，如果纽扣的颜色是蓝色或红色，就不能自由发挥了，实在很不方便。所以，我在告示板上写着，这个岛上的居民的第六颗纽扣不是蓝色的就是红色的，这可不是谎话啊。”

“只有他不受约束，可真狡猾。”

米娜不禁在心里想。

魔法师卡兹仿佛读透了米娜的心思，干咳了一声，急忙改变话题问道：

“你是沿上山路来的，还是从下山路来的？”

“上山路。”

“为什么选这条呢？”

“因为我认为宫殿一定有两个出入口。”

“真是个聪明的女孩！”魔法师卡兹以老迈的声音称赞，“这座宫殿确实有两扇大门。一扇在你来的山顶上，另一扇位于沿着下山路抵达的岸边。这座建筑说是宫殿，其实更像是一座沿着断崖绝壁建起来的高塔。我办公的房间靠近顶层，如果从岸边的大门进来的话，必须爬上三千多阶螺旋楼梯才能到达。你事先猜到了这种情况吗？”

“不是。但我心想，既然只能在一个地方见到您，又必须付出同样的辛劳才能到达，那不如选择这条前一段艰辛一些的路更好。”

米娜得知不必拖着沉重的双腿，爬上三千多个台阶，如释重负地回答道。

她想，卡兹果然喜欢捉弄人啊。

“嗯，你的想法很好。那么，你不辞辛苦远道而来，想要祈求什么呢?”卡兹和颜悦色地问米娜。

“我想要朝气的纽扣。因为我的衣服上没有，请赐给我这颗纽扣!”米娜毫不犹豫地说出自己的愿望。

卡兹侧头思索，似乎不太明白米娜的意思。米娜有些担心，连忙补充道:

“就是第七颗纽扣呀!我想，您一定可以赐给我这颗纽扣，所以才长途跋涉来到这里。”

卡兹仿佛听到了一件有趣的事一样，先是脸上浮现出一抹微笑，最后终于忍不住哈哈大笑起来。

米娜看到卡兹的反应，先是有点吃惊，然后转为愤怒与羞辱，脸涨得通红。

“就算是伟大的魔法师，也不该嘲笑别人诚挚的愿望，这样未免太没礼貌了!”

笑个不停的魔法师卡兹，好半晌才察觉到米娜愤怒的表情。

“哎呀，对不起。因为你说的是‘朝气’纽扣，所以我一开始根本没听懂你的意思。你们是这样叫第七颗纽扣的吗?不过，这颗纽扣正确的名字不是‘朝气’纽扣，而是‘勇气’纽扣。

“不晓得你们是怎么弄错的。这个勇气不是指和敌人奋战的勇气，而是积极乐观地活下去的勇气。只要活在这个世上，难免会遇到挫折和痛苦。在这些时刻，必须积极乐观地坚持和忍耐。

此外，有些时候明知前方有险境，也要鼓起勇气向前迈进。第七颗纽扣所代表的勇气，就是指这种力量。简单地说，'朝气'根本算不上是重要的特质，活下去的勇气才最重要。

"你刚才说自己没有'勇气'纽扣，可是你不仅有勇气，更有积极活下去的力量。你身上明明已经有一颗光彩夺目的纽扣了啊。你能只身来到这里，就是最好的证明。你仔细看看自己的衣服。"

米娜听他说完，又看了看自己的衣服。

没想到，在原本空着的第七颗纽扣的位置上，她竟然看到有一颗透明的闪闪发光的纽扣。

这颗纽扣和魔法师卡兹的第一颗扣子相同，也是钻石制成的。这颗璀璨的宝石虽然十分小巧，却散发出美丽的光芒。

自懂事以来，一直长久地压在米娜心头上的沉重负担忽然消失了。

"可是，为什么我之前都没有看到呢？"米娜咕哝着。

"那是因为你一直以为它是'朝气'纽扣。把第七颗纽扣误认为是朝气纽扣的其他人，说不定现在也还是看不到你这颗美丽的纽扣。"

"这么说，纽扣能不能看到，完全取决于用什么心态去看待它吗？"

"这倒不尽然。确实有一些东西是客观存在的。不过，对衣服上的纽扣以及其他特点，无论所有者还是旁观者，不同的人都会看到不同的样子。况且，每个人的‘衣服’样式原本就各不相同。所以不论是纽扣的数目、形状和颜色，还是其他特点都可以各不相同的。话说回来，我小时候也和你一样，经常因为自己与别人不同而苦恼呢。你看看这里。”

卡兹说着，翻开了斗篷的领子，上面只简单地绣着母亲和孩子的名字：

“玛吉之子：卡兹”

米娜不大明白衣领上没有父亲的名字意味着什么。不过，一般人应该都有的东西，而自己却没有的那种苦恼，米娜比谁都更有切身的体会。

而且没有绣上职业的人，通常意味着只能做些杂活儿，或是因为长期卧病没有工作。

卡兹朝米娜眨了眨眼睛，仿佛问她“明白了吗”，米娜点了点头。

“正因为这个星球的人们，每个人都各不相同，这样才更好。即使真的没有第七颗纽扣，你的衣服也仍然可以体现你这个人的特点，好的地方可以变得更好，欠缺的部分也可以用其他长处来弥补。例如我没有‘朝气’的纽扣，可我有很棒的‘勇气’的纽扣一样。

“不仅如此，正因为人人不同，才能把所有人的力量集合起来达成意想不到的成就。现在，你应该相信人们彼此不同的好处了吧。不过光是知道还不行，你以后还要把活下去的勇气与别人分享。”

之前，米娜每当听到别人给她“打气”，总会觉得非常难受，尤其在心情低落之际更是如此。但卡兹的这番话，却给了她不少鼓励。

米娜觉得，卡兹的想法与自己不谋而合：这不仅是自己的心病，也是整个社会的问题。

米娜越来越喜欢卡兹了。于是她决定直接向卡兹请教心中的疑惑：

“请问，在第一关的告示板上写着，选错的话，将会通向毒蛇和蝎子栖居的沙漠；在第二关的告示板上写着，选错的话，将会通往‘死亡’之地。您真的会让想来见您的人，遭到如此悲惨的命运吗？据说告示板上写的都是真的，但我觉得您不是一个狠心的魔法师。”

卡兹犹疑了一会儿，接着又咳了一声才说：

“告示板上写的都是真的。这个岛屿的东边就是沙漠，那里的确有毒蛇和毒蝎出没。如果在第一关选择了右侧的门，就会直接走到那里。只是那个沙漠并不大，它们也不会主动攻击人类，只要稍加留意就不会遇到危险。而且只要花上几分钟，就能走出沙漠，来到东边的海岸，沿着海岸走，轻易就能找到这个小岛的上岸处。即使万一有不小心的冒失鬼被毒蛇或毒蝎咬了，在沙漠的东岸有个渔村，那里有间药铺，挂着‘专解蛇毒蝎毒’的大招牌。至于第二关，你能保密吗？”

“如果需要的话，我可以保密。”

“好吧，那就好。你真的看懂了那个告示板吗？”

“啊？”

“两扇门将会通往‘死亡’之地。‘死亡’这两个字，不是加了引号吗？”

“我发现了，也觉得有些蹊跷，可是规定不能问守门人，只好搁在心里。”

“事实上，如果选错了门，在穿过森林之后，就会走到返回南岸的另一条路上。如果走进通往‘死亡’的两扇门，将会迎面看到一面大屏风，上面写着‘死亡’两个字。这就是通往‘死亡’之地的意思。走进这两扇门的人，当然首先会感到错愕，接着会因为即将面临死亡而吓得发抖。这时会出现另一名守门人。他会遮掩住身上的第六颗红纽扣，大喝一声：‘这次魔法师卡兹大人特别免你一死！不过你必须马上沿着这条路，回到南面的上岸处，否则就真的要送你上西天啦！’这位守门人其实是个胆小

鬼，长相却非常凶恶，而且又很会说谎。所有走错门的人，无不飞也似的拔腿逃回南岸。”

“太过分了！我通过那扇门的时候，可是抱定了赴死的决心呢。您竟然在屏风上写着‘死亡’两个字吓唬人，一点都不好笑!”

米娜忽然想到，如果康德先生在这里，不知道他会认为这是善意的谎言，还是恶意的谎言呢?

“唉，真是对不住你了。我实在分身乏术，时间非常宝贵，所以不想和那些随随便便的家伙们见面。”

“我明白您的苦衷。只是，这样捉弄人未免有些过火了。不过，知道不会有人因此丧命，我总算放心了。”

“我有我的做法，你有你的方式。只要不至于泯灭人性，应该没关系吧?”魔法师卡兹说完，脸上堆满笑意。

看到卡兹露出微笑，米娜决定再问一个问题：

“请问，为什么这岛上的居民，衣服上的第六颗纽扣只有蓝色和红色两种呢？我总觉得有些奇怪。”

卡兹又笑了笑，然后严肃地说：

“那是因为他们还没有获得真正意义上的自由。诚实的确是好事，可你看看佩蒂和罗格斯。他们都是诚实的人，又都认为自己是理性的。可是结果呢，他们却不得不在生活中忍受局限与拘束，这根本不是理性。”

“那第六颗扣子是红色的人呢？他们是因为没有自由，所以才要说谎吗？”

“不是。你想想看，这岛上第六颗纽扣是红色的人，他们都承认自己的第六颗纽扣是红的，这不是很奇怪吗？”

“咦？”

“假如你问一个说谎的人：‘你的第六颗纽扣是红色的吗？’他会怎么回答呢？他应该会回答‘不是’吧。可是，这座岛上的第六颗纽扣是红色的人，都认定自己的第六颗纽扣是红色的，自己是个总是说假话的人。就这一点而言，他们并没有对自己说谎。这不是矛盾的吗？”

米娜想起卡伯先生一边指着错误的黄绿色小路，一边提醒她注意自己身上第六颗纽扣的颜色。

“你学过逻辑学吗？”卡兹突然问米娜。

“嗯，学过一点点。”

“那么，如果将逻辑矛盾的事情假设为真，结果会怎样呢？”

“那么对于所有情况，不论说‘是’还是说‘不是’，我们都不能说它是错的。”

“是的，正是如此。假如换成是康德先生，想必会认为这是最糟糕的情况吧。因为对于所有事物，最后的结论都既可能是‘对’，也可能是‘错’。这确实不能说是最完美的状态。但这样才有自由可言，也正因为这样，人们才必须拥有自己的判断和选择。

“红纽扣的人是矛盾的，因此拥有自由，但他们还不知道怎样选择才能发挥自由，是缺乏自信的人。相反，蓝纽扣的人认为自己知道什么是对的，并对此深信不疑，所以他们无法自由地判断与选择，是固执的人，就像康德先生那样。”

“可是，我觉得康德先生也没那么固执己见。”

“哦，是吗？”卡兹颇觉有趣地说道。

米娜忽然想到，康德先生曾经说过“魔法师卡兹是个吊儿郎当的人”，忍不住笑了出来。卡兹不知道米娜为何而笑，却仍然慈祥地看着她。

接下来的故事，已经和最重要的问题没有太大关系了。

谜岛上的种种体验，使米娜再一次由衷地感谢艾姆爱姆和耶姆堤赐给自己这件珍贵的衣服。

从谜岛（卡兹告诉她，这里原本应该称为“谜谜岛”，后来大家少说了一个字才变成了“谜岛”）重返故乡港口小镇的米娜，直到现在仍旧不太活泼，但不用怀疑，她遇到任何事情都会自己去思考和判断，并且勇敢地活下去。

回到港口小镇后，米娜去大城市学了生物学和农业，从事了研究工作，以便帮助农民获得更好的收成。

这个星球的人时常会休长假。米娜工作以后，偶尔也会休长假，一个人驾着帆船到远方的小岛游历。

她还会告诉身旁的人，每个人都有自己的优点，为了真正了解各有所长的好处，人们应该彼此认同和相互合作。

她现在已经成为一位杰出的女性，受到所有人的信赖与仰慕。

什么？你想知道佩蒂和罗格斯后来怎么样了？听说他们到现在还互不服输地对立着呢，真是一对奇怪的夫妇。

宇宙浩瀚无垠，他们两人的世界却如此狭隘。

这个故事中隐含的社会学概念

我写这个故事，其实有两层用意。

第一层用意是描述一个女孩由于“与众不同”，经常受到歧视而陷入悲伤情绪，最后终于克服了心理障碍的奇幻故事，给普通读者赏读。

从文学角度来读，可以将故事里出现的谜题和命题，当作丰富情节的细节，无须在意其背后的社会学含义。我欢迎大家以轻松的心情阅读这篇故事，而且我也尽量用简单平易的语言来叙述，方便高中生以上的读者阅读。

我的第二层用意是提供一篇“现实素材”，引导读者思考隐藏在故事背后的各种社会学问题，特别是对社会学感兴趣的读者。

从学术上来看，这个故事里包含了以下几个主题：囚徒困境、公地悲剧、自我实现预言、自我认同、多样性、康德的道德哲学、规范与自由、统计的选择性偏差、后验概率。

对社会学有兴趣的读者，希望你在阅读这个故事时，对情节中的谜题和命题都能逐一思考，然后再继续往下读。

说这个故事不只是素材，还是“现实素材”，这是有原因的。我希望能通过本书，把抽象的概念融入具体情节之中。当然，故事本身是虚构的。但我希望读者明白，只要发挥想象力，抽象的概念也能转化为“身边常见的问题”。

对概念的说明通常会让人觉得枯燥乏味，以这种方式学到的概念，也不太容易应用在现实之中。但其实这些概念都是与现实生活及社会紧密相关的。倘若能帮助各位读者领会到这一点，我的这个故事就算成功了。

对于依照前面说的第一层用意，把本书当作文学读物的读者来说，以下解说完全是画蛇添足，大家无须多想，尽管可以略过这个部分。

不过，对于希望按第二层用意阅读的读者来说，如果只是“材料都给你们了，剩下的请自行思考”，也未免太不周到了。对这些读者来说，了解故事里出现的抽象概念的背景知识，不仅具有重要意义，还能由此获得更多乐趣。

因此，虽然文学读物很少采用这样形式，但我还是希望能在此做些简单说明。

囚徒困境

故事里的佩蒂和罗格斯遇到的问题叫“囚徒困境”。在经济学中，囚徒困境是一个典型案例，常用来证明个人的“理性选择”无法为全社会带来最优结果。

这个理论之所以被称为“囚徒困境”，源自以下情境。

假设警方在没有确凿证据的情况下，对两个共同犯案的嫌疑人进行单独审问。尽管日本一般不会这样做，但欧美的警方有时会向犯罪嫌疑人提议：“你先主动坦白，就算你无罪。”这种司法交易中常会出现与囚徒困境类似的情况。

此时假定的前提是，如果只有一人认罪，认罪者便可得以免罪。两人都认罪时获得的刑罚要重于两人都保持缄默。不过如果一人认罪、一人不认罪，那么不认罪的人就会因为有罪不认，被处以最重的刑罚。

在这种状况下，考虑利弊得失，不论同伙保持缄默还是主动认罪，自己都主动认罪才是上策。但是从整体来看，两人都保持缄默，远比两人都主动认罪更有利。然而，如果每个人都选择对自己较有利的方式，其结果就是双方都选择了对自己不利的主动认罪。这就是囚徒困境的由来。

故事里的情况也和这个例子完全相同，请参考附表。表格内是各种选择的组合，斜线左侧是罗格斯的偏好顺序，右侧是佩蒂的偏好顺序。对二人来说，如果对方选择“工人”，自己的选择当然是①优于②，如果对方选择“手枪”，自己则选择③要优于④。其结果便是，双方都选择“手枪”。在这种情况下，两人都只能得到③，反而不如双方都选择“工人”可以得到的②的结果。

囚徒困境

佩蒂的选择

罗格斯的选择	工人	手枪
工人	② ②	① ④
手枪	④ ①	③ ③

偏好顺序：①>②>③>④

囚徒困境也常会出现在提供公共物品等存在“搭便车”问题的情境中。例如清洁的城市环境，属于公共物品的一种。公共物品的特点是，所有人都可以共享好处，即便自己不负担其维持成本，也不会被排除于该好处之外。由于有些人不愿负担维持公共产品的费用或义务，只想享受好处，于是便出现了“搭便车”问题。尤其是，如果大家都依赖别人，自己只想“搭便车”，就会产生无法保持城市环境清洁等社会问题。

在本书的故事里，“工人”就相当于“负担维持公共物品的成本”，“手枪”则相当于“不负担成本，搭别人‘便车’”的行为。

正如米娜在故事里说的，囚徒困境也是“彼此信任”的问题。如果双方至少在一开始时相信对方而选择“工人”的话，就不会产生囚徒困境。那么，遇到不愿这样选择的对手，该怎么办呢？事实上，在重复有限次数选择的情况下，目前还没有能够逃脱囚徒困境的对策。

故事中，米娜对罗格斯采用的策略，在理论上属于特例。我于 2006 年在英文期刊《理性与社会》上发表过一篇题为“理性宽容”的论文，讨论了“多次原谅对方的背叛，使对方产生负疚感”的策略。

这篇论文尝试用博弈论模型来对社会学家所说的社会化的一个方面加以说明。社会化是指人们通过学习来掌握价值与规范的过程。米娜采用的“谴责对方的背叛，但是原谅他”的策略能否奏效，即能否唤起对方的合作态度，取决于很多条件。尤其是当对方（在这个故事中是罗格斯）完全没有产生“不该辜负别人的信任”的负疚感时，很遗憾，这个策略是无法奏效的。

公地悲剧

这个概念源自生物学家加勒特·哈丁于 1968 年在《科学》杂志上发表的一篇题为“公地悲剧”的论文。囚徒困境中的出场人物是两个人，而公地悲剧则可以视为囚徒困境的多人版本。

哈丁在这篇论文中，以牧场作为例子。

人们对自己私有的牧场格外珍惜，对公共牧场却随意滥用。他们认为，与其让别人家的牛吃光牧草，不如让自家的牛尽量多吃。公共牧场原本是大家共享的宝贵资源，却因为大家的滥用，最后变成寸草不生的荒地。

故事里关于“榔桔种子的公共仓库”的情节，便是依据公地悲剧的基本架构加以变化而写成的，其中介绍了两种情况。

第一种情形，如果让农夫自己挑选交到公共仓库的种子，就比较容易出现他们把优质种子留给自己卖掉、把劣质种子送进仓库的情况，这会给社会带来不利的结果。也就是说，农夫在面对“要缴纳优质种子，还是劣质种子”的抉择时，会认为优质种子由其他农夫缴纳即可，自己还是缴纳劣质种子比较有利（“搭便车”的心态），于是最后送进公共仓库的全都是劣质种子，致使苗种品质日趋低落。把这种情况看作囚徒困境的多人版本，应当很容易理解。

故事中提示了一个解决方案，就是由公共仓库负责拣选种子。但这种解决方案并非无懈可击。诺贝尔经济学奖得主乔治·阿克洛夫曾提出“信息不对称”理论。在双方信息不对称的情况下，这种策略就无法发挥作用。由于相关的条件叙述起来比较复杂，因此我在故事中没有详细介绍。

这里所说的信息不对称，是指与种子质量好坏相关的信息，农夫和仓库人员掌握的程度不同。如果仓库人员握有的信息少于农夫，那么除非有“诚实的农夫”愿意帮忙，否则仓库人员将无法挑拣出质量最佳的种子。

除此之外，也不能排除仓库人员接受贿赂，默许农夫缴纳劣质种子的可能性。康德先生强调的“诚实的重要性”，会以各种形式对优质公共资产的维持产生影响。

第二种情形，对这个概念做了更为动态的描述。即假如公共仓库这个公共资产的价值下降，会减少人们维持该公共资产的动力，最后导致无法提供公共资产。

在故事中，艾特的预言成为导火索，最后导致农民认为维持公共仓库已经无利可图。与其追求未来的利益，不如确保目前的利益，农民们优先考虑“眼前”的利益，追求私利，这种动机导致公共仓库完全失去功能。

自我实现预言

自我实现预言出现在哲学村会议中，莫顿先生所讲的“艾特和榔桔种子”的故事里。也就是说，如果没有预言就不会发生的情况，由于有人做出了预言，才导致其成为事实（“艾特和榔桔”连起来与法语“陌生人”谐音）。

自我实现预言的概念，是由社会学家罗伯特·默顿在《社会理论和社会结构》(*Social Theory and Social Structure*)一书中提出的。默顿在书中举了一个现实生活中的例子，即某家银行即将倒闭的谣言原本毫无根据，却会让相信谣言的人争相挤兑，导致银行果真倒闭。

日本也曾在1973年第一次石油危机时，出现过“卫生纸即将断货”的谣言。谣言的广泛传播，引发了消费者大量囤积卫生纸的闹剧，并且导致真的有一段时间在市面上买不到卫生纸。

这里所说的“预言”，包括广义的“预测”，因此做出某项预测，也意味着会提高出现这一结果的概率。故事中提到，能够康复的信心会提高病人的治愈率，这也是自我实现预言的事例之一。

其实，这个理论不仅适用于患者，同样可应用在医师的治疗上。同时具有社会学家与医生身份的尼古拉斯·克里斯塔基斯曾在其著作《死亡的预告：医疗照护中的预测与预后》(*Death Foretold: Prophecy and Prognosis in Medical Care*)中指出，医生会对自己认为有把握治愈的患者给予更多主动积极的治疗，因此医生对癌症患者的预后判断会影响实际的治愈率。

也有研究发现，如果企业预测女性员工会因育儿而提高离职率，便会为了降低离职成本，区别对待所有女性员工，这样一来女性员工留下来继续工作所能获得的利益就会减少，结果就会造成女性员工的离职率上升。这也是自我实现预言的例子之一。[①]

诺贝尔经济学奖得主加里·贝克尔在其著作《家庭论》(*A Treatise on the Family*)中，也曾以离婚为例做过讨论。一对预计可能离婚的夫妻，希望通过不生小孩或者各自持有个人资产等方式来降低离婚的成本，但这样做反而更容易导致离婚。

一般说来，预测将会发生某个“负面事件”，为了降低其发生的成本而采取的行为，反而会提高该事件的发生概率。这种矛盾，可以说是自我实现预言的典型模式之一。

另外，故事里还描述了米娜认为害怕孤独反而会让人陷入孤独的想法，关于这一点还没有相关的理论，是我独自创作出来的。

自我认同

自我认同是指，对于“自己是什么样的人”这个问题，由自己找到答案，其特点是必须通过在社会中与他者进行交流才能使自己意识到。自我认同是社会学的主要研究课题之一。

在故事里，首先是卡伯先生说“有许多喜爱吃我的奶酪的人和我在一起工作呢!”，这句话体现了他的自我认同。

岩井克人在《未来的公司》一书中阐述了公司所有权的思

---

① 详细内容请参阅拙作“消除男女薪资差别之路——关于统计性歧视在经济方面的非理性的理论与实证研究”(「男女の賃金格差解消への道筋——統計的差別の経済的不合理の論理的・実証的根拠」『日本労働研究雜誌』2008年5月号)。

索。岩井教授针对“公司属于谁”，提出了“公司属于股东”和“公司属于公司法人本身”两种解释，显示了他对这个问题的深刻洞见。

另一方面，企业（制造业或服务业）从受益者的角度考虑“为谁而运营”时，除了“为了股东”和“为了法人本身”以外，当然还有“为了消费者”这个回答。

企业的目标是将优质的产品或周到的服务，以适当的价格提供给消费者，通过消费者的好评获得利润，与只以获得利润为目标，是全然不同的。

《樱桃小丸子》作者漫画家樱桃子女士，从给漫画杂志《RIBON》投稿时起，便认定有许多少女读者会期待自己的作品，因此她在创作的同时也不忘保持健康。“自己要是生病了，可就对不起大家了！”她曾把这段经历写在短篇集《温馨剧场 2》的“梦的音色”一文里。

不同于“顾客就是上帝”这种肤浅的消费者赞歌，樱桃子女士与卡伯先生一样，具有作为生产者的自我认同，认识到消费者的赞许才能成就自己，自己与消费者相辅相成。

近来，“假冒产品”与商品标示不实等生产者或销售者背叛消费者的行为屡见不鲜。我想，假如他们能具有卡伯先生与樱桃子女士那样的自我认同，应该就不会做出这种事情了。

一直以来，自我认同都属于社会学的研究领域，但最近经济学家乔治·阿克洛夫也在尝试研究自我认同对个人选择的影响。

自我认同是通过与他者的交流而产生的自我认知，如果因为与他者的不愉快而导致自我否定，就会产生“反向认同”，造成极大的心理负担。

故事里少了一颗纽扣的米娜，和其他孩子不同而受到歧视，与兄弟姊妹比较起来，觉得自己没有受到父母重视等原因，因此产生了反向认同。从反向认同转变为正向认同的过程，正是这个故事的主题。

此外，故事中还通过孤独之森的情节，介绍了他人单方面强加的“别人眼中的自己”与“内观自我”的显著差异。这被称为“认同冲突”。

当他人完全忽视内在人格，仅凭“残疾人”“特定人种”“女性”等——尤其是外在样貌等特征——强加的“自我形象”与原有的自我意识不相符时，人们就会产生认同冲突。

受到外界强加的反向认同冲突，或者强迫自己去适应外界强加的自我形象，容易导致人们形成反向认同。

日本倍乐生（Benesse）公司教育研究中心前几年实施的国际儿童比较调查显示，与其他国家的儿童相比，日本儿童更倾向于描绘负面的自画像，认为自己“不善良”“不诚实”“不勤奋”等。如今的日本社会，出现了孩子容易形成反向认同、无法拥有正向认同的情况。

责骂别人“啰唆”或“恶心”等显示说话者不悦的攻击性歧视用语，已经在儿童的世界里泛滥成灾。据说，在这些歧视性言行举止遇到别人提醒或阻止时，还会有不少儿童像故事里描述的一样，恼羞成怒地反驳：“我说实话不行吗？！”[①]。

笔者认为，整个社会的当务之急是必须改变这种状况，为孩子们打造一个能培养出正向认同的社会环境。这与即将于下一段说明的多样性不无关系。对于本故事主题之一的“克服反向认同”来说，多样性也是一个关键。

多样性

米娜因为缺少“朝气”纽扣而受到歧视，并为此耿耿于怀。卡兹告诉她：“每个人都各不相同，这样才好。”这段话体现了卡兹的多样性理念，也是这个故事的中心思想。

现实中，许多人出于“为了发展经济而运用多样化人才”的考虑，认为多样性就是要肯定多样化的重要性。但诺贝尔经济学奖获得者阿马蒂亚·森认为，我们应该为了开发多样化人才的潜能而发展经济，而不是为了经济发展而运用人才。笔者在后文会提到工作生活平衡，其中也采取了与阿马蒂亚·森相近的立场。

---

① 渡辺容子『負けるな子どもたち!』径書房、1989年。

我除了提倡实现工作生活平衡的社会[①]，也非常重视推广多样性的观点。这里的多样性是指，构建相应的社会制度，为各种人提供平等的社会机会，让更多人发挥自己的潜能。

推广多样性的观点，是社会制度的问题，同时也需要肯定多样性（包括残疾人在内的各种人）的思想作为基础。

很多人认为，多样性是源自美国的观念，其实日本明治时代有一位26岁就英年早逝的童谣诗人金子美铃，曾写过一首名为《我和小鸟还有铃铛》的诗，就曾完美地体现了这种思想。

即使我展开双臂，
也没法翱翔天际；
可是会飞的小鸟却不像我，
能在地上快速奔跑。

即使我摇晃身体，
也发不出美妙的音色；
可是会响的铃铛却不像我，
能够欢唱许多歌谣。

① 『論争　日本のワーク· ライフ· バランス』<山口一男· 樋口美雄編、日本経済新聞出版社、2008年>の「プレリュード」。

铃铛、小鸟，还有我，

大家都不一样，大家都一样好。[①]

康德的道德哲学

哲学村里的康德先生的想法，是将 18 世纪德国哲学家伊曼努尔·康德的义务论道德哲学加以简化后转述出来的。

康德认为，行为的好坏要对照“绝对”的道德准则，根据行为本身，而不是根据行为的结果来判断。与他的观点相对的是根据结果来判断行为对错的“结果主义”，见于功利主义哲学先驱杰里米·边沁和约翰·密尔所秉持的观点。

康德还指出，对错的判断标准包括行为本身和人们采取这一行动的动机。故事里的米娜指出了动机的重要性。

德国社会学家马克斯·韦伯承继了康德学派的观点。他认为对于行为合理性的判断标准也包括“目的合理性”，即行为本身的合理性和“价值合理性”，即动机的合理性。

所谓目的合理性（也被称为“工具理性”），是指针对某种目的所采取的手段是否合理；而价值合理性，是指所选择的行为与个人的价值观是否一致。

新古典经济学派是现代经济学的主流，效用最大化是其理论基础，可以视为这两种合理性与功利主义的结合。

---

① 『金子みすゞ全集』JULA 出版局、1984 年。

也就是说，行为人最终获得的效用（满足程度）越大越好，这一点沿袭了重视结果的功利主义哲学，但与此同时，效用背后的偏好也反映了个人的价值观，而且为实现效用最大化所选择的方法也符合目的合理性的标准。

另一方面，不考虑对行为本身的评价，单纯根据结果来判断合理性的结果主义观点，则可以在近年来发展起来的进化博弈论中看到。进化博弈论受到生物学的影响，完全不考虑目的合理性与价值合理性，而是将为提高生存概率（该理论将其解释为行为的结果）而采取的适应环境的行为，视为具有合理性。

此外，与康德重视道德义务的观点最接近的行为判断方法，可以在重视“规范内化”（即应该做什么或不应该做什么的价值观的形成）的现代社会学理论中看到。

前面介绍“公地悲剧”时，简单地提到了哲学村的康德先生强调的“诚实的重要性”。关于社会中以诚实者居多的原因，进化博弈论认为，“有没有能够让诚实者获利的社会体系，决定了诚实者能否在社会中成为多数”。而许多社会学家则认为，“家庭、教育、宗教或社区对儿童的社会化影响，决定了诚实者能否成为多数”。两种观点具有很大差异。

无论是判断对错的规范问题，还是合理性问题，康德的道德哲学提出的这些议题仍是今日社会科学领域的讨论主题。

规范与自由

在故事的尾声，卡兹提到了逻辑学。一般来说，“若 A，则 B”与“若非 B，则非 A”互为逆反命题。二者的关系是，如果有一方成立，那么另一方也成立。

在这里，如果“A”恒为假，那么“非 A”便恒为真；因此，无论 B 的内容如何，逆反命题都成立。由此可得，假如“A”恒为假，那么不论 B 的内容为何，主命题（若 A 为真，则 B 为真）都能够成立。

所谓逻辑矛盾，是指在逻辑上恒为假的情况。例如，如果有人说“我永远在说谎”，由于这句话也应该是谎话，因此与所言产生逻辑矛盾。虽然并非所有“恒为假”的陈述都含有逻辑矛盾，但含有逻辑矛盾的陈述恒为假。因此，在假设 A 含有逻辑矛盾的情况下，无论 B 的内容为何，例如无论 B 是“某事为真”还是“某事为假”，都是成立的。

在故事里，卡兹运用这个逻辑，为“第六颗纽扣是蓝色的人与红色的人”的不同赋予了特殊含义。其实在故事中，“诚实的人”和“说谎的人”的不同，具有字面含义和比喻义的双重意义。

故事里遇到逻辑谜题时，如同第一面告示板上定义的，人们被假设为百分之百诚实的人或者百分之百会说谎的人。但在哲学村的会议讨论上，以及卡兹做出解释时，“诚实的人”和“说谎的人”便不再是字面含义了。

根据卡兹的解释，一种人共同拥有片面理性的判断和规范，依循这些标准来选择和行动，因此他们是无法自由选择的人；而另一种人是自相矛盾的，所以他们虽然拥有选择的自由，但对于该如何选择却没有自信。

可以说，在我们生活的现代社会中，规范的约束力已经减弱，判断对错的标准也变得模糊不清。这说明我们身处更为自由的社会，有越来越多的人对自己的行为准则缺乏自信，但另一方面，对笔者所说的“片面理性”的私利，即缺乏社会性的私利（例如只要不受到惩罚就不遵守规则，不愿主动构建信任关系，或者利用他人的无知获利等）的追求，已经取代了社会规范。

追求这种缺乏社会性的个人利益，不只带来了囚徒困境，还以各种形式导致整个社会无法获得利益。这是巨大的社会成本。尤其是在自由的现代社会，人们追求个人利益的权利一般不会受到否定，那么在这种情况下，如何建立起彼此的信任关系便成为有待解决的重要课题。

统计的选择性偏差

哲学村的艾司比先生（是选择性偏差一词的英文首字母 SB 的谐音）祈雨的故事，体现了选择性偏差的问题。

选择性偏差是指，用统计分析探究社会现象的因果关系的过程中，在选择样本时没有排除可能影响结果的因素，导致因果关系推论有误。

故事中的解释变量为“是否祈雨”，结果为“次日是否降雨”。由于艾司比先生（特意）挑选看似不会下雨的时候祈雨，很明显没有排除会对结果造成影响的因素（可能降雨的气候状态）。米娜指出这一点，纠正了艾司比先生的错误。

因果推论是根据持续多次调查所得的追踪调查数据，来排除选择性偏差的一种统计学方法。使用统计方法分析社会的社会科学家，目前正通过这些方法，来厘清事物的因果关系。

例如，庆应义塾大学的樋口美雄教授在《就业与失业的经济学》[①]一书中，讨论了“跳槽成本”的问题。

1992 年的《劳动白皮书》写道“在四十岁前后换工作，终生收入减少最多，平均减少 2500 万日元”，樋口教授将该数据称为跳槽成本，同时也指出这不符合实际情况。

实际上，收入越低的人越倾向于换工作。有换工作经历的人就是选择性偏差，导致换工作的人的终生收入低于未换工作的人，虽然每个人的具体情况不同，但其实对换工作的人来说，换工作后获得的终生收入要高于不换工作的所得。这也表明，大多

① 樋口美雄『雇用と失業の経済学』日本経済新聞社、2001 年。

数换工作都是理性行为。

后验概率

米娜在第二关运用了后验概率的计算。得到后来发生的信息后，事件的发生概率发生了改变，这就是后验概率。它由统计学家托马斯·贝叶斯引入概率论，与日后被称为“贝叶斯学派”的重要统计学学派的形成具有密切关系。

在故事中，起初三扇门可以抵达宫殿的概率都是三分之一。不过在增加了“在米娜打算选择的那扇门以外，把通往死亡之地的一扇门封起来”这一信息之后，右侧的门可以抵达宫殿的概率，就变成了三分之二。

原理已经在故事里讲过，运用“贝叶斯定理”可以详细计算后验概率。只要具有高中水平的概率基础知识，应该很容易理解这个定理。其计算公式比较简单，在网上也能查到说明，请各位试着计算一下看看。

运用贝叶斯定理，可以在不断获取新信息的同时，降低最坏情况的发生概率，从而选择出最优方案。因此，在风险管理等现代社会的统计决策问题中，这种方法已不可或缺。

相关解说到此结束。本书在写作时采取了易读性优先于严谨性的方针，因此建议愿意深入探讨的读者，继续研读相关的文献。

狮子和老鼠

——教育剧：两种社会规范比较论

剧场主人的欢迎词

欢迎各位观众今日莅临本剧院，由衷感谢大家捧场。

本剧院这次表演的作品是教育剧《狮子和老鼠》。

什么？您问什么是教育剧？

我记得这应该是德国剧作家贝尔托·布莱希特创造的戏剧形式，不过我们这出戏和他没有什么关系。今天的演出，我们将通过美国大学课堂上的对话，从外部视角来观察日本。

回想起来，过去在剧场里上演的戏码，都采用对话的形式。

不过，说是对话，可不是指演员们在舞台上的对话。

戏剧不仅要有演员表演，还必须与观众喝彩或者喝倒彩的声音结合起来，才能具有公共性，为大家所共同拥有。德国社会学家和哲学家尤尔根·哈贝马斯不也曾经这么说过吗？

教育也可以成为戏剧。大抵来说，教师是提供主题和素材的编剧，也是编排演出的戏剧指导，舞台演员则由学生来担任。

教育剧没有导演，因此演员必须各自揣摩自己的表演和台词。

听起来似乎很难，不过要演的角色就是自己，所以习惯了以后，其实并不难。演出时，每一个人都是主角。同时，包括教师在内的所有人又都是观众。

最重要的是，每一位出场人员必须齐心合力，一起来完成这出戏。大家不需要做什么特别的事情，但一定要真诚地倾听别人的发言，并且参与讨论。假如演员不听其他演员的台词，自己也不主动发言，那这戏就没法演了。

什么？您说这样教育能行吗？

别急，请先瞧瞧本剧院正在上演的教育剧吧。

理解、表达、个性、联想、批判性思维、发现问题以及创造，这些概念都是教育的本质。在这出戏里，您可以看到它们“栩栩如生”的一面，而不再只是词语的罗列。然后，您自然就能体会到，经过自由思考的对话所带来的教育的乐趣。

不过，唉，也不知道怎么回事！日本目前的教育却没有任何戏剧的要素。

学问原本只是供人思考的素材，现在反倒成了主角，教师沦为提词的人，学生则成了闷不吭声的观众。

这么一来，不论教的人，还是学的人，都不可能从中得到乐趣。

请各位看一看，现在教育学生的方式，可不就是拼命往脑袋里灌输知识，让他们无须深入思考，只管学习如何回答那些有标准答案的题目吗？然而发现问题以及给那些还没有答案的问题找出答案的能力才是最重要的啊。

狮子和 老鼠

所谓教育，最要紧的是培育思考能力，还有让自己过得更好的能力。这些关键的目的，都只有由人来担任主角才能实现。任由原本只是素材的东西来担纲主演，孩子们不可能学到生存能力！

难道不是吗？

那么，我刚才说“从外部视角来反思日本”，具体的题目就是对日本和美国的社会道德规范做比较。

什么？您说不想看这种严肃题材的戏？

我能理解您的意思。不过学习文化和社会学其实是件很有趣的事。

我们不仅能借此了解人的各种不同想法，同时也能认识自己。此外，通过培养孩子或是其他我们身边的事例，也能学习和思考现在和今后需要怎样的社会环境。

来来来，现在就请您接着往下看吧！

然后，咱们再一起想一想，今后的学校教育、培养孩子以及社会环境应该怎样才好吧。

开场白

我是一名社会学家，已经在美国的大学里任教很久了。

不过直到最近几年，我才开始在芝加哥大学开设“日本社会论”课程，也就是下面这出戏的背景舞台。

我原本的专业是研究“生活事件”，也就是针对就业、换工作、失业、结婚、生育、离婚等人生旅途中的各种经历，分析这些事件发生或者未发生的原因，以及为何会发生在较早或较迟的阶段等相关问题。

这种研究叫追踪调查，需要以美国所特有的社会调查数据为基础，收集这些数据往往要耗费巨额成本，花几十年时间追踪数千名研究对象。

过去只有美国有类似调查，我从事这方面的分析，自然也就成了研究美国社会的专家。

最近几年，在日本也能获得追踪调查数据，我这才开始以日本为对象，研究少子化和工作生活平衡等课题。

开设“日本社会论”这门课的动机，与我最近与日本相关的研究完全不同。作为一个住在美国的日本人，我希望能通过自己的专业领域，把日本的情况介绍给美国人，并深感这也是自己的使命。因此这门课程可以说一半是为了满足自己的愿望，一半是为了履行自己的义务。

这门课程的教学，我选择了本科生作为对象，而没有选择研究生。因为本科生更容易进行自由讨论，而研究生往往以讨论学术论文为主。

要讲授日本社会的全貌几乎是不可能的，比起传授日本的具体知识，我更侧重于以日本为题材，对社会和文化进行比较，帮助学生形成灵活的、多元文化思维。

与教学内容相比，美国大学的通识教育更重视以何种方式授课，将培养学生自由思考和批评精神作为首要目标。这种教育方针，可以比喻为教师为学生提供素材和烹调方法，交由学生烹煮，最后再由大家一起讨论他们的作品是"美味"还是"难吃"。

作为烹饪的素材，我会根据课程进度为学生提供中根千枝、鲁思·本尼迪克特、土居健郎、罗伯特·科尔、村上泰亮、罗纳德·多尔、丸山真男等的著作，让还不了解日本的年轻人随意讨论这些顶级学者的著作，虽然他们常常断章取义。用日本的思维方式来看，这种形式可能不够严谨，但却能刺激学生的求知精神，很符合这门课程的目标。

上课需要提前将资料交给学生，请他们在课前阅读。

选修这门课的学生共有 15 名，人数并不多。其中约有三分之二来自社会科学学院的社会学系等院系，还有几位是在人文学院远东语言文化研究系学习日语或日本文化的学生。当然，课堂讨论使用英语，日本学者的著作也都采用英译本。

这一天的讨论素材是阿瑟·罗赛特和我妻洋在英文期刊《法学与社会》上刊登的论文"道歉的含义——关于日美的法学与文化差异"。[①]

---

① Hiroshi Wagatsuma & Arthur Rosett [1986], "The Implications of Apology: Law and Culture in Japan and the United States," *Law and Society Review*, 20: 461-498.

这篇论文讨论的是，当人们道歉说“我错了”时，在日本主要是以当事人在感情上实现和解为目的，而在美国则是承认自己负有损害赔偿责任。

这篇论文简单地提到了伊索寓言《狮子与老鼠》的日本版和美国版有所不同，我让学生以此为重点进行讨论，按照这个线索来加工素材。

第一幕 狮子和老鼠：日本版 V.S. 美国版

美国版《狮子和老鼠》的故事是这样的：

有一天，老鼠凑在一起，纷纷炫耀自己最引以为傲的事迹。

“那么，谁是我们之中最勇敢的呢？”

有只老鼠说：“当然是我啊！瞧，草原那边有一头雄狮正在睡觉。我敢跳到它的背上撒野呢！”

其他老鼠无不发出赞叹，因为谁也没有它这么勇敢。于是这只老鼠为了证明自己的勇气，前去挑战。它来到狮子身旁，狮子似乎还在熟睡。老鼠观察了一会儿，终于下定决心：

“现在应该没有危险吧！”

它跳到了狮子的背上。没想到，老鼠正要跑下来时，原本看似睡得正香的狮子跳了起来，抬起前脚压住了它。

“是哪个不知死活的家伙，竟然敢把我吵醒？”

狮子几乎就要将老鼠一口吞下去。

“请等一等！您随时都可以把我吃掉，但请先听我说几句话。”老鼠慌张地开口说道，“我身上就这么一丁点儿肉，想必还不够您塞牙缝儿呢。不如您这回放了我，日后我一定会对您有帮助的。”

“这话怎么说呢？”

“我虽然个头小，但是很勇敢。我的牙齿虽然没有您的那般锋利，却能咬断您无法撕裂的东西。所以，假如有一天您遇到困难，我一定能够帮得上忙的。”

“哇，这只小老鼠的口气还真狂妄啊！竟敢说要帮我？真是荒唐。”狮子心想。

不过，狮子在睡午觉之前，刚吃下一头鹿，肚子还一点都不饿。于是它说：

“我现在的确还没饿到非得吃了你这个小家伙不可，那就放了你吧。算你走运！”

狮子松开了老鼠，并朝老鼠逃走的背影讥讽地喊道：

“听着，你已经承诺了。记得有朝一日得来救我这头狮子啊。哈哈哈……”

过了几天，狮子一不留神，竟然落入猎人设下的捕网陷阱里。狮子拼命地想咬断网子，可它的牙齿并不适合用来咬开网

1 + 1 =

绳。经过无数次尝试，它终于不得不放弃了。

“这可真是的。我只不过一时疏忽，竟然得困死在这里。看来，我死定了。”说罢，它悲愤地吼叫起来。

忽然，陷入绝望的狮子听到像是小动物啃咬网绳的声音。原来，正是那只老鼠！老鼠奋力地接连咬断一个又一个绳结，终于咬出了一个足够狮子脱身的大洞。

“出来吧，我兑现了我的承诺。”老鼠对狮子说道。

狮子非常感激地向老鼠道谢，还对它说：

“以后，我绝不会因为身材小而看不起你们老鼠了。”

美国学生对这个故事十分熟悉，但我第一次读时，却感觉十分新鲜。因为我从小读到的日本版《狮子和老鼠》的故事是这样的：

有一天，一只冒失的老鼠，竟然误闯到一头正在睡觉的狮子背上。老鼠还以为那是一座浅褐色的土堆呢。

被吵醒的狮子陡地跳了起来，迅速抬起前脚压住了老鼠。

“是哪个不知死活的家伙，胆敢把我吵醒？”

“对不起，求求您饶了我！”老鼠发出哀号，“我不知道这是狮子大爷您的尊躯，居然不小心爬上来了！”

老鼠涕泪俱下地磕头谢罪，拼命哀求狮子饶恕。睡得正香的狮子起先因为被吵醒而极为恼怒，可它看到老鼠一个劲儿地求饶，不禁动了恻隐之心，说道：

“真是个愣头愣脑的家伙。算了，既然已经这样，也没办法了，这回就原谅你吧。往后可得多留神啊。”狮子说完，便放了老鼠。

“遵命，我以后绝对、绝对会小心的！万分感激您的大恩大德！”

老鼠不停地鞠躬道谢，欣喜地回家去了。

过了几天，狮子一不留神，竟然落入猎人设下的捕网陷阱里。狮子拼命想咬断网子，但实在咬不动，终于不得不放弃了。它心想：

“唉，我得死在这儿了。”

就在这时，狮子忽然听到啃咬网绳的窸窣声，声音虽然小，但十分规律。原来，是那只从它嘴下逃过一死的老鼠，正在努力地咬断网绳。老鼠对狮子说：

“狮子大爷，我来向您报恩了。我马上救您出来，请再忍耐一下。”

老鼠咬断一个又一个绳结，终于将狮子救了出来。

获救的狮子高兴地说：

“你真的没忘了我！我们往后永远都是好朋友。”

于是，它们维持了一辈子的友谊。

我打算以这两则寓言故事为素材，让学生以对话的形式，来探讨日本与美国的文化差异。如果能实现这一点，这堂课就算成功了。

“那么，我们先假设这两则《狮子和老鼠》的故事，现在分别体现了日本与美国文化中的道德规范。因为伊索寓言讲的主要就是道德。那么在这个假设之下，在美国和日本的文化和道德当中，有哪些部分形成了对比，或者具有不同的含义呢？”

我先向学生提出了问题。当然，我已预先准备了几个答案，不过如果老师一开始就说出答案，便失去了教育的意义。况且，以与学生对话的形式授课，学生有时也会提出我没有想到的观点，不仅学生能获得知识，我也常常受益良多。

“有没有想到什么呢？大家尽管提出任何看法。之前有位学生曾经回答说：‘美国的老鼠很有美式作风，日本的老鼠很有日本风格。’他要是能再说出为什么，这个答案就很完美了。”

学生不禁笑了出来，教室里的气氛也轻松起来。

我环顾班上，马克·戴维斯正在微笑。他身材较高，是经济学系的学生，似乎对社会学很感兴趣，以前也曾选修过我的其他课程。马克的期末报告逻辑很强，令我印象深刻。

戴维·莱特曼正在反复对比着两则寓言故事。他个头不高，是远东语言文化研究系的学生，因父母的工作关系曾在日本住过几年。班上除了日本学生次郎以外，就属戴维的日语最好。

高桥次郎是来自日本的留学生，大家都称他次郎。他目前正在社会科学学院综合学系读硕士。我这门课原本是专为本科学生开设的，但出于他本人的意愿，我特别同意他选修。他希望取得优秀的成绩，继续攻读社会学系的博士课程。

艾米丽·斯图尔特正忙着在笔记本电脑上输入什么，应该是记下自己的一些想法吧。她来自文化人类学系和远东语言文化研究系，是双专业学生，平时很擅长以简洁的语言表达自己的看法。

温迪·史密斯似乎正想开口说些什么。她是社会学系的学生，喜欢与人辩论。她总是踊跃发言，带动班上的讨论气氛。今天可能也将由她率先抛出论点。

杰夫·富冈正在观望其他同学。他也是社会学系的学生，是第四代日裔美国人，担任本校亚裔学生会的干部。他个性幽默诙谐，听说也很热衷参与政治活动。

凯文·陈是华裔美国人，现在正看着我。他是政治学系的学生，打算进法学研究生院继续深造。

玛丽·理查兹仰着头，陷入了沉思。她也是政治学系的学生，好像对日本的政治制度很感兴趣，之前她批判日本文化的发言，给我留下了深刻印象。

文化不是一个容易理解的范畴。很多日本人单纯地以为，西方人“不理解”日本只是由于缺少相关知识。他们以为只要西方人对日本人以及日本文化的认识越来越深，就能逐渐按照日本的思维方式来思考。也就是说，日本人常常觉得只要对方“多加理解”，即便未必全然接受自己的逻辑，也应当不至于不问是非曲直，便全盘否定。当然，这种情况很多，但有时也会恰恰相反。也就是说，也有的西方人越是了解日本式的思想和道理，就越感到反感并予以否定。玛丽就是这样的例子。

过了一会儿，果然还是温迪最先开口：

“正如罗赛特和我妻两位学者曾提到的，日本的老鼠之所以很有日本风格，是因为它一开始就先为自己的行为道歉，希望尽快与对方恢复和谐的状态。相比之下，美国的老鼠则当然是美式作风，一句道歉的话也没说。”

她提出了一个恰当的观点，只要深入挖掘，应该能展开一场有趣的讨论。

“日本的老鼠先是道了歉。那么，美国的老鼠最先做了什么呢？”我望向所有学生。

“当然是在心里盘算：到底该对狮子说什么，自己才能捡回一命。”马克回答。

大家脸上都露出了心照不宣的笑容。马克没说“考虑”，而是说“盘算”，这个用词颇有一针见血之妙。

“说得没错。那么，经过盘算，他没有道歉。因为如果道歉的话……”

“就必须承担损害赔偿责任。老鼠会被狮子吞进肚子，作为赔偿。”杰夫立即回答。

同学们都大笑起来，气氛十分融洽。

“不过，不只是这样，老鼠不道歉的理由并非只有这一点。”戴维接着说，“按照美国版的故事情节，老鼠在道义上不能道歉。”

哦，这个观点挺有趣的，我等着他接下来的说明。

“为什么？”次郎罕见地开口询问。

他的英语还不很流利，平时不太容易加入课堂上的讨论。

“为什么说老鼠在道义上不能道歉呢？”

“它为什么必须道歉呢？”戴维反问次郎。

“当然是因为故事的情节是它吵醒了狮子啊。”

“可是，在这个故事里，如果老鼠觉得不应该打扰狮子睡觉，那么它从一开始就不会这么做。老鼠是为了向同伴展示勇气才这么做的，所以根本不觉得自己做错了。因此，如果老鼠因为自己的行动失败了就道歉认错，那它的态度就前后不一致了。”戴维回答次郎。

这时，我也加入讨论：“没错，也就是说，对老鼠爬到狮子背上的这个行为，两个版本假设的前提是不同的。如果说美国版的是‘故意’，那么日本版的就应该是……”

几个人异口同声地回答：“过失。”

“正如戴维说的，明明是故意采取的行为，只因为没能顺利完成就向对方道歉，这个故事就没法成为道德寓言了。这一点在日本版里也一样，所以日本版必须假设老鼠的行为是过失。那么，如果把美国版里老鼠的行为也改成过失的话……”

“The mouse would be looking bad.”杰夫笑着说。

我心里想道，原来如此，这样的话老鼠就出糗了。

“好，那么意气风发（looking good）的美国老鼠是故意挑衅但没有成功，然后像马克所说的，它在心里做了一番盘算。那么，它在盘算什么？又是如何盘算的呢？”

“当然是怎样才能达成交易，顺利脱身了。他盘算怎样才能让狮子觉得把自己吃下肚的价值太小，怎样才能让自己活下来的价值更大。”

马克先从自我利益最大化的角度来解释老鼠的行为，真不愧是经济学系的学生。

“你说得很对。所以美国版的情节是狮子刚吃了一头鹿，肚子并不饿。因为在脑袋里打算盘的不只是老鼠，狮子也有自己的算计。狮子当时是否处于饥饿状态，会影响到他的决策。日本版的故事不涉及这一点，所以没有类似情节。不过美国版的故事中，如果没有假设狮子已经吃饱了的话……”

“100万美元的彩票也比不上10美元现金。最后，老鼠就会被拿来祭了狮子的五脏庙。”杰夫的话又让大家笑成了一团。

“那么，日本版与美国版还有没有其他不同处呢？”

方才的讨论告一段落，我试着再换个话题。艾米丽似乎正等着这个时机，立刻接着发言：

“日本版里提到了一种道德规范，之前的课上也曾经讲过，就是‘报恩’。也就是说，受到别人的恩惠以后，必须偿还。老鼠也是这样说的。当然，这是日本式的道德规范，没有出现在美国版里，美国版中与它相对应的道德规范是……”

“在美国版的故事里与之对应的是什么呢？”我忍不住催她继续往下讲。

“故事里虽然没有明确体现，但我觉得应该是‘遵循契约’。因为美国强调遵守约定是重要的品德。”

听到自己期待的答案从学生的口中说出来，这种满足感真是格外畅快。

“可是，”温迪开了口，“依照鲁思·本尼迪克特的定义，‘恩惠’是指极大的好处，受惠者必须承担一辈子不断偿还的义务。我觉得在故事里，狮子并没有给老鼠如此大的恩惠。”

“但是……”次郎反驳道，“狮子饶了老鼠，没有夺走它的性命。”

“对老鼠来说，这或许是一桩天大的恩情，但我是从狮子的角度来看的。因为对狮子来说，拿老鼠当食物，实在没有多大的价值。打个比方，有位亿万富翁为了自我满足而略施小惠，给了穷人1000美金。1000美金在亿万富翁看来根本微不足道，但在穷人眼中却是一笔大钱。假如说穷人因此就必须背上一辈子都要偿还恩情的义务，我实在不太能理解。”

“是啊，日本版的狮子和老鼠本质上处于不平等状态。”玛丽附和着说。

看来我必须稍微介入这段讨论了。

“在日本版的故事里，狮子和老鼠的确处于不对等的地位。但若因此而解释成对狮子来说，吃不吃老鼠都无所谓，所以便为了自我满足而发善心饶了老鼠，我认为有待商榷。在故事里，狮子看到因为自己的过失而吓得发抖的老鼠，觉得它很可怜而动了恻隐之心，因此饶了它一命。这种同情，确实与富人因怜悯穷人而施舍钱财的心情有些类似。不过我不认为这种出于同情而做出的善行就是伪善。”

“但是，”温迪提出了疑问，“按照日本版故事的发展，狮子被看作‘有权处罚过失者的人’，如果过失已经超出了说声‘啊，不好意思’就行的程度，却只因为道歉或反省便能轻易获得原谅的话，这个故事就算不上是警世寓言了。再说其中就会缺乏‘犯了罪的人，即使是无心之过，也必须承担责任’的寓意。”

这一点非常关键，很多美国学生都抱有和温迪同样的疑问。

“即使是无心之过，只要犯了罪就都必须负责，这个道理我明白。不过我觉得，除了‘对自己的行为负责’之外，还有一种道德要求人们‘成为有责任感的人’。

"例如在某个国家，假设在美国，犯了罪或者有了过失的人都必须立即承担责任，不，应该说是立即被追究责任，那么人们在承担了责任以后，就会觉得自己的过错已经清算归零了，或者就会觉得自己再也无须感到愧疚了。各位不这样认为吗？"我向温迪提出疑问。

"嗯，的确会这样。"温迪回答。

"那么反过来说，或许有些人会觉得，即使是坏事，也可以事先根据应负的责任来权衡利弊得失，据此决定是否实行，是不是呢？"

"是的，想必很多人抱有这种想法。不过我觉得，应该也有不少人是依据行为本身的好坏来做道德判断的。"

"我想说的是，"接下来的部分有些深奥，不知道他们能否理解，"如果犯了错却没有被要求当场赎罪而是获得了原谅，情况就会有所不同。这种情况下，犯错的人在之后仍旧会感到愧疚。日本人在向别人道歉时，经常使用'过意不去'这个词，据说这句话在过去表示'自己的债务并未就此偿清'或者'这样会使自己由于负疚感而心情不能平静'[①]。

"无论哪种意思，都表示道歉并获得原谅意味着罪过和心情不会就此归零，而是处于负的状态。因此当事人就会希望将来能

---

① 在日语里，"过意不去"与"（债务）未还清"和"（心情）不能平静"发音相同。——译者注

将它归零，或者至少不要再增加负值了。在日本版的故事中，狮子叮嘱‘往后可得多留神啊’，老鼠回答‘遵命，我以后绝对、绝对会小心的’，这表示这只老鼠得到原谅之后，会留意以后不能再因为自己的粗率给别人带来困扰。我认为原谅中隐含了这种期许。

“假如老鼠当时就受到惩罚，它将来当然同样也会留意不再做出粗率之举吧。但那是因为害怕再度受到惩罚，而不是因为已经反省了自己的过错。”

这部分内容果然还是有点难，我开始思考该如何补充说明。没想到艾米丽这时意外地伸出了援手：

“我这样理解教授的话：在我们的文化里，罪的意识是通过自己内心形成‘这种行为不对’的道德判断而得到内化的。但山口教授刚才说日本未必如此。在日本，人们借由对他者或社会产生‘自己对别人造成的损害至今尚未还清’这种愧疚感来实现罪的意识的内化。我想教授说的是这个意思。”

我不禁对艾米丽的诠释感到由衷的赞许，这时马克提出了一个问题：“‘内化’是什么意思？”

这是社会学和心理学用语，难怪就读经济系的马克不知道。

“‘内化’是社会学用语，指将特定的价值观或文化吸收成为自己的一部分的过程。以我们现在所说的情况为例，人们除了在理智上明白对别人造成损害时必须做出补偿，还会感到如果不做出补偿就十分羞耻，这就是内化。”

我先回答了马克的问题，然后对艾米丽精炼的发言大大地称赞了一番。对于日本文化中的“羞耻”，鲁思·本尼迪克特认为是受制于他人评价的外部约束，而作田启一则在其著作《重新思索羞耻文化》[①]中，将羞耻看作更为接近内在的罪的意识。艾米丽刚才讲的正是作田启一的出发点，她轻松地超越了本尼迪克特对羞耻的理解的局限，显示出卓越的理论洞悉能力。

“忠”“孝”“恩”“情义”等日本传统道德可以视为对主从关系、家族或亲族关系、师徒关系、村民间的关系等各种角色关系的规范。社会学将这种以角色关系等人际关系为基础形成的规范称为特殊规范，而将那些与行为的好坏相关、适用于所有人际关系的规范称为普遍规范。

“羞耻”无疑是以人际关系为基础的特殊因素。因为在人际关系中，受到他人的负面评价便会使人产生羞耻的感觉。

不过，羞耻包括内外两个方面。内在方面是指，人们对决定了自己会在何种情况下会感到羞耻的道德规范加以内化，并据此形成自己的价值观。

比方说，受到大家的期待却未能如愿尽到自己的职责，因而对自己感到羞耻和惭愧，这种感觉便是经过内化的羞耻。马拉松

① 作田啓一『恥の文化再考』筑摩書房、1967 年。

选手圆谷幸吉因为无法在比赛中实现众人的期望，对自己感到羞愧和失望，最后在精神折磨之下走上了自杀的绝路，就是这种情况的一个例子。

在武士社会里，行为有悖“武士节操”的人，会由于名誉受损而感到羞耻，也是同样的道理。武士对职责的强烈责任感，也与他们会对自己无法尽责而感到羞耻有关。

另一方面，羞耻意识还包含一些不具有道德基础的外在方面。最常见的情况是，某些行为如果被人看到就会感到羞耻，而没被发现则不觉得羞耻。另外，人们有时还会根据“场合”适用不同规范，即在某些特定场合，可以做出羞耻的行为，但在其他场合就不能那样做。有句俗谚说“旅外寡廉耻”（指旅行时不怕丢脸而尽情游玩，可以做一些平时不敢做的事情），即是典型例子。这很难说符合伦理道德，因为这种“羞耻”只与是否会对特定场合下的人际关系带来影响有关。

对不同“场合”的区分，日本和美国可以说截然不同。在美国最具代表性的，是私人场合与公共场合的区分。比方与异性打情骂俏的行为可以发生在私人空间里，但若出现在公共场合则有失体统。这种区分最大的特点是，在严格限定的私人空间社会规范可以有所放宽，但在其他公共场所则必须适用普遍规范。

而日本传统上则是将不同场合区分为“内部”和“外部”。

“内部”指村民、有往来的邻居、工作场所等可以形成“情义关系”的集团之内；而“外部”则是指这些集合体之外。日本对这两种场合的区分方法与美国恰好相反，规范仅适用于较为有限的内部，而不适用于外部的其他广大世界。因此才会产生出门在外“旅行”时丢脸也无所谓的思维。

文化人类学家鲁思·本尼迪克特在第二次世界大战结束后不久出版的《菊与刀》一书，使日本的思想界认识到了比较文化论的重要性。她将日本的特征概括为“耻感文化”，对应西方特有的“罪感文化”。本尼迪克特所理解的羞耻，是在应该在意他人看法的广义“内部”，即在“世间”感受到的不够体面的感觉。但作田启一认为，本尼迪克特对羞耻的理解是其外在方面。

此外，日本人常被指责缺乏公共精神，这是由于日本在传统上缺乏既适用于身边的人际关系和角色关系所构成的“内部”，又适用于这些范围以外的“外部”的通用规范。不过，日本人的道德标准并非都会因场合的不同而变，而且现代日本社会也已经有了很大改变。

艾米丽听了我的解释，将“过意不去”的负疚感，理解为接近罪的道德观，这与作田启一提出的内在羞耻有异曲同工之妙。仅凭我的简要说明，便能通盘融会贯通，足见她在理论方面的优秀能力。

不过，在现今日本社会，羞耻的意识仍像作田启一阐述的内部道德那样被日本人所继承吗？我对此十分怀疑。最近回到日本时在电车中目睹的某一幕浮现在我的眼前。

我作为追踪调查及相关分析研究的专家，受聘担任某机构的研究项目顾问，计划采用队列研究的方法，从日本全国即将出生的婴儿中抽取约10,000人的样本，持续数年进行追踪调查。这项研究关注的是父母对儿童的教养方式。

因为我所从事的这项工作，再加上平时住在美国，因此当天在电车里看到的情景给我带来了极大的震撼。

那一天，在地铁车厢里，有个三岁左右的小女孩大声喧闹。当时正是午后，乘客比较少。女孩的妈妈用央求的语气对她说：

“小○○，拜托你行行好，回到家以后，随你怎么叫都没关系。你瞧，大家都看你呢。求求你安静一点！”

小女孩用更大的声音叫喊“不要”，而她的妈妈只在一旁以几乎听不见的音量，反复说着“拜托”恳求小女孩。

我很容易想象出，在同样的情境下美国妈妈会怎样做。

换作是美国妈妈，想必会先严厉地喝斥孩子：

“Listen（听着）！”

有时候或许还会以全名直呼孩子：

“Listen, Susan Smith（苏珊·史密斯，你给我听着）！”

父母平常仅以名字亲密地称呼孩子，现在却郑重其事地直呼全名，这表示父母是在以义正词严的态度，面对作为个体的孩子。光是这样，就足以发挥作用，让孩子心头一紧。接着，妈妈会告诉孩子应该怎样做，并说明理由：

“你知道发出噪音吵到别人是不对的，而且这是在电车上，不是在派对。这是公共场所，所以更要保持安静。”

假如孩子听完依然我行我素，或是回嘴“不要”，那么即便是在大庭广众之下，恐怕多数妈妈也会以打屁股等方式予以惩罚。

但电车里的这位日本妈妈，不仅没有告诉孩子在公共场所应该怎样做，也没有向孩子解释她的行为为什么不对，只是暗示她回到家里就可以大喊，也就是说换到不同场合就可以随意而为。此外，她并未斥责任性妄为的孩子，而只是频频“拜托”央求，提醒她注意别人的眼光，唤起她外在的羞耻意识。

我平时经常看到美国妈妈在相同情境下的处置方法，因而对这一幕感到十分震惊。虽说这个过程确实反映出“耻感文化”，却并不是让孩子感受到“这样做很可耻”，而只是妈妈自己因为在意别人的眼光而感到羞愧，所以才会讨厌孩子的这种态度。

如果是往昔的日本母亲，或者是现代的有心的母亲，她不会只强调不能引人侧目或者只考虑自己的立场，而是会用其他方式将“羞愧”的意识传达给孩子。

我小时候，有位邻居是家母的好友。她总是教育自己的孩子和当时年幼的我“给别人添麻烦是可耻的”，以及与之相对的

“能帮上别人是美德”。除此之外，她还以孩子也能听得懂的直白语言把自己的信念讲给我们：不仅自己要持有这种志向，还要结交志向相同的朋友，拥有这种志向的人才能在社会上得到尊重，自己也绝对要尊重这样的人。

这位邻居是某家公司的总经理夫人，她所主张的这种道德，体现的正是明治时代以来，经济界人士形成的日本式组织伦理的理想化形式。

这种伦理既不同于亚当·斯密提出的“看不见的手”的理论——认为个人通过自由竞争追求私利的过程可以自然而然地形成有效分工；也迥异于马克斯·韦伯提出的勤勉和禁欲的新教伦理教义，该教义奠定了资本主义的精神基础。日本的伦理强调，要秉持帮助别人的志向，与志同道合者一齐努力，人人为我，我为人人。

并且，能够满足拥有这种志向的上司及伙伴的期待即为美德，而辜负人们的期待则应该感到“羞耻”。

当然，并非所有现代的日本母亲都会采用相同的态度教养孩子。用家母好友那样的伦理道德来教育孩子的人原本就不多，如今想必更罕见了。不过，我相信日本今后也会有越来越多的母亲会像美国妈妈那样，给孩子解释判断是非的标准。

此外，我还发现另一种完全不同的日本式教养方式。我过去曾在相似场合，看到有一位妈妈呵斥孩子：

“小○○，妈妈不喜欢这样做的孩子！”

这位妈妈不同于之前那位在意别人眼光的妈妈，她选择了直接斥责孩子。

但这种教养方式无法帮助孩子判别事物的好坏，只会让孩子养成“这样做会受到喜爱或招人厌恶”的感受能力。结果会导致孩子学会对身边的人察言观色，随时采取博得喜爱而不被讨厌的态度。

这位妈妈的做法或许是沿袭了注重和谐人际关系的日本传统。与此同时，时下日本的年轻人倾向于根据“空气”来迎合周围人的期望，而不是根据事物的好坏或理性来做判断，可能也与这种教养方法有关。

在现代日本社会中，如果有人的发言不符合周遭的氛围，便会被指责为“读不懂空气”。直到现在，同样是在众人面前陈述意见，比起首先要尊重个性与自由的美国，日本社会仍有极大落差。

那么，教养孩子究竟该使用何种规范呢？

是善恶的价值判断和责任意识吗？或者是“不给别人添麻烦，要对别人有帮助”的价值判断？是要尽量讨人喜爱、不被讨厌，尽力不扰乱周遭“空气”的态度？还是应该强调极力避免不当行为被别人发现的外在耻感？是对内部和外部采用不同标准，亦即被西方人认为缺乏一致性的道德吗？又或者应该培养对自己的不当行为感到羞耻的内在耻感？

父母有意或无意地采用何种规范，以及如何对待孩子，会极大地关系到孩子今后会形成何种社会伦理观，以及能否在世界上保持自己的尊严。

听到艾米丽的发言，这些思绪在我的大脑中不停交织。但现在还没下课，必须专心授课才行。

假如“耻感文化”真像作田启一主张的一样，能够维持内部道德规范，那么就不能说它不如西方的“罪感文化”。为了向学生具体说明这一点，我又介绍了日本警察实行的悔过书制度，以及初犯的起诉率较低等相关情况。

此外，我还介绍了澳大利亚新锐学者、犯罪学家约翰·布雷斯维特的理论。

布雷斯维特强调羞耻具有两个方面的功能。第一个方面是，给犯罪者打上犯罪者的烙印，将他们隔绝在社会之外，使其终生只能继续当个犯罪者。另一个相反的功能是，能够使犯罪者将面对父母或参与自己成长的亲友时所感受到的“羞愧”加以内化，帮助他们以“知耻者”的面貌改过自新，重新回到社会。

布雷斯维特的理论认为，“羞耻”的后一个功能在西方尚未被认识，但日本却将其用于“内观疗法”，促使犯罪者重新做人，并通过相关制度的制定实现了较低的再犯率。他的这一理论在美国犯罪学家之间也受到了相当程度的关注。我讲到这里，尚未发言的凯文第一次提出了疑问：

“教授，这些都是刑事方面的例子，请问在民事方面如何呢？民事诉讼的结果也能反映出同样的思维模式吗？”

我向他解释，在日本，民事案件较少走上诉讼途径，首先会有各种官方和非官方制度来促使双方和解。然后我告诉他们：

“不过，假如最后进入民事诉讼，并且确定应由加害者负赔偿责任，那么他当然需要支付相应的赔偿金额，就这点来说，我想应该和美国相同。”

“只支付与实际损害部分相当的赔偿吗？”

“什么？我想应该是这样吧？”我不禁反问道。我不是法律专家，不太明白凯文这个问题的意思。

“如果是这样的话，日本和美国是不同的。美国每个州的制度各不相同，不过一般来说，都会对故意加害的行为处以惩罚性的损害赔偿。”

“惩罚性损害赔偿？”

“是的。比方说，加害者实际上造成受害者的受损金额是10万美元，法庭会命令加害者额外付出惩罚金30万美元，合计共需支付40万美元。”凯文举例说明。

这时，马克也参与到讨论中：

“刚才教授提到，明明是坏事，可能也会有人根据其结果带来的利弊得失来判断是否去做。也就是说，假如发现最终结果对自己有利，恐怕有人会故意损害他人。但如果加上惩罚金，情况可能就不同了。这个制度就是为了阻止潜在的加害者，预防加害情形的发生。”

“原来如此。这种想法就像我方才所说的，让老鼠因为害怕再次受到惩罚而不敢做坏事，只要加重处罚，就可以更有效。”

“对，就是这样。”马克说。

我向凯文提了一个问题：

“可是，我想问问凯文，对加害者采取的措施我明白了，但是受害者呢？受害者除了受损部分能获得赔偿，还可以得到额外的惩罚金，反而能大赚一笔。是这样吧？”

“是的，没错。虽然会被律师赚走不少，但受害者的确可以通过民事诉讼赚到钱。这也导致了诉讼案的增加。”

美国民事诉讼案增加，还有其他制度上的原因。例如按判决金额收费的律师费制度，其正式名称是“风险代理收费制”，与日本的律师收费结构不同。在日本，除了预付金、手续费、津贴、各种杂费的实报实销以外，律师费用还包括胜诉酬金。而美国的风险代理收费制是，输掉损害赔偿诉讼时，受害者不必支付任何费用，但若是赢了，律师将收取相当于判决金额40%的高额费用。在民事诉讼中，原告方几乎都会利用这种制度进行诉讼。

“听起来，这种制度倒有点像是律师们的阴谋呢，他们只要尽量多煽动人们提起诉讼，就能多赚钱。”我不禁嘀咕道。包括杰夫在内，很多学生也表示同意。

戴维这时问道：

“老师，刚才的讨论让我觉得，把美国版的《狮子和老鼠》的故事放在今天的美国社会来看，恐怕已经过时了。实在难以想象，出现纠纷需要解决时，竟然没有律师出面。故事里还有其他一些地方，也让我觉得不合时宜，不过一时没办法详细列举出来。”

其他几名学生也露出了“颇有同感”的表情。戴维的整段话中，只在开头处以日语称呼我“老师”，包括他在内的远东语言文化研究系的学生中，只有少数人有这个特殊的习惯。

“这样吗？那么，应该怎么改写才好呢？”

没有学生能立刻回答出来。或许这个问题还不够具体，因而很难立刻找到答案。

“我觉得日本版的《狮子和老鼠》的情节也太老套了。”次郎说道，“因为报恩之类的道德，我们现在的年轻人根本不放在心上。”

我心想，也难怪次郎他们这代年轻人会这么想。

“那么，次郎，如果把日本版的《狮子和老鼠》改写成现代风格，你会怎么安排呢？嗯，不必现在回答我，你愿意当作作业试试看吗？”

“不行，我改写不出来。倒是教授，您要不要亲自尝试一下呢？”

不止次郎这样，现在日本的年轻人遇到类似情况，似乎都不积极，总是多一事不如少一事的态度。话说回来，只单方面增加学生的作业，确实不太公平。

“好！那么现代日本版的《狮子和老鼠》由我来写，不过有个条件。我们以两周后的上课时间作为截稿期限，有没有同学愿意改写现代美国版的《狮子和老鼠》呢？其他同学都来做裁判，假如这位同学比我改得好，他的这门课就可以得到很高的额外加分。即使比我略逊一筹，我也会斟酌文章内容，多少帮他加些分数。这就是我的条件。”

班上传出一阵骚动，但没有人立刻毛遂自荐。这不是文学创作课，也难怪学生对我的这个特殊建议兴趣索然。

不过，戴维终于犹犹豫豫地举起手来。

“老师，我可以写写看，但我有一个要求。”

“什么要求？”

“不管是美国版或日本版，原本的伊索寓言都含有道德寓意。我觉得自己写不出以道德为主题的现代美国版《狮子和老鼠》，可以写成不是讲述道德的寓言故事吗？这样的话，或许我能写得出来。”

“好，棒极啦，写吧写吧！”

我还没来得及回应，杰夫已抢先帮腔。

我当然赞同。

“当然可以。仔细想想，我恐怕也写不出具有道德寓意的现代日本版《狮子和老鼠》。所以我们两个都可以不受局限，自由发挥。”

这个问题到此算是有了着落。我揽回了“额外”的工作，为了激发出哪怕只有几个学生的潜力，教师有时也必须多做些功课。总长为 1 小时 20 分钟的课，现在差不多过了 1 个小时了。到目前为止，我对自己的授课内容还算满意。不过还有一个关键问题必须讨论。

“美国版和日本版的《狮子和老鼠》还有一个相同之处。在日本版的故事里，狮子和老鼠后来变成了好朋友。美国版故事的狮子和老鼠，也建立了互相尊重的关系。虽然不同于友谊，但也可以说，两个故事最终都形成了相互信赖的良好关系。

“我们应该看到，不论是美国版的《狮子和老鼠》，还是日本版的《狮子和老鼠》，两个主角都处于自己熟悉的文化情境中，都是根据对彼此言行举止的共同理解而行动的。因此，以这个共同文化为基础，双方都能正确地理解所有言行举止的含义，并通过行动来展示诚意，最后才形成了人与人之间，啊，说错了，是狮子与老鼠之间的信任关系。

“现在假设双方虽然都有诚意，但是缺乏对另一方文化的理解。换句话说，如果是日本的老鼠遇上了美国的狮子，或者美国的老鼠碰到了日本的狮子，而且假设它们都只知道自己的文化。这么一来，会发生什么样的结果呢？譬如，日本老鼠遇到了美国狮子的时候……”

“那就会像杰夫刚才说的，‘好，你承认了自己该负责任。看来，我也要不到其他东西作为赔偿，那就勉强吃了你这一小块肉吧！’于是狮子把老鼠一口吞下。”马克说道。

“是的。所以在这种情况下，不会产生好结果。那么，换成是美国老鼠碰上了日本狮子呢？”

“我不知道日语的‘不知天高地厚’用英语该怎么表达。我认为狮子会被态度嚣张的老鼠激怒，最终还是把它一口吞下。”次郎回答。

由于次郎是用日语说的“不知天高地厚”这个词，我必须补充说明，这个词是指：“地位较低的人却摆出与对方平起平坐的态度，因而引起对方的愤怒。”

“我也赞同次郎所说的，这种情况同样不会有好结果。两个不同文化背景的人，在不能正确理解对方的思维方式，尤其是语言与感情所表现的含义的情况下交流，即使做出自认为能展现诚意的行为，也很难建立起互相信任的关系。刚才的两个例子就体现了这个道理。这一点很重要，希望各位能够牢牢记住。好了，关于日美两个版本的故事，还有刚才没提到的不同之处，或是无法理解的地方吗？”

就在我想今天的内容差不多都讲完了时，玛丽忽然抛出了一个问题：

“教授，我想问个问题。”

“请说。”

“我的问题是关于您刚才讲的这一点的。即使在文化上拥有共同要素，我也还是没法接受在日本版的故事里，狮子和老鼠最后变成了好朋友这件事。因为再怎么看，这个故事里的狮子和老鼠都不是对等的。”

玛丽果然很在意这个部分。

“因为，老鼠用字遣词极为卑微，而狮子正好相反。况且，还有刚才温迪提到的不平等的问题。我觉得在这种情况下，狮子和老鼠不可能结为朋友。”

“你的意思是说，地位不对等的两个人之间，不可能维持友谊吗？”我反问。

“没错。”玛丽回答。

“我能明白你的意思。”

根据过去的经历，我知道其实不用加上这一句，因为这样反而会惹来玛丽的反感，但我也很难改掉自己惯用的语气。

“但我觉得，友情也有很多不同的形式。也就是说，我觉得即使地位不对等，也有可能地位更高的人体恤地位较低的人，或者地位较低的人对地位更高的人尽忠尽职，由此产生的相互信赖的感情也与友情十分相近。”

“可是对我来说，日本版故事里的狮子趾高气扬，再加上它那以万兽之王自居的态度，真让人无法忍受。温迪，你觉得呢？”

玛丽向邻座的温迪寻求赞同。

“嗯，我也有这种感觉，不过，”温迪接着说，“刚刚教授在解释‘不知天高地厚’这个词的含义时，我想到了罗伯特·E. 帕克对大约60年前的美国南方与北方的比较研究。

“根据帕克的研究，在当时的美国南方，黑人与白人相处，通常会采取‘保持符合礼仪的适当距离’的态度。也就是说，在黑人已经接受不同种族在社会地位上尊卑有别的情况下，黑人和白人之间是存在融洽和信赖的感情的，最典型的例子就是白人地主夫人与黑人仆人的关系。

“另一方面，在美国北方，黑人认为不同人种应该拥有更为平等的地位，并会体现在行为举止中，但很多白人尚未接受这种观念，因此黑人和白人之间很难产生融洽和信赖的感情。

“所以，即使是地位不同的人，只要彼此对上下关系的认知一致，有时也能形成信任和融洽的感情。现在，在工作场合中也常能看到部下与上司和乐相处的情景。不过我觉得，人们通常只能与即使职位高低不同，但仍能将自己看作一个平等的个人的上司融洽相处，而无法与总是以上级自居、摆出高不可攀的架势的上司合得来。所以我虽然能从道理上理解帕克的观点，但并没有什么亲身感受。”

罗伯特·E. 帕克是20世纪前期美国知名社会学家，也是当时芝加哥大学社会学系的领导者。

温迪的意见十分独到！大多数现代美国人认为，尽管人们在职场上的级别不同，但个人之间的关系是平等的，因此他们很难从感情上接受日本版的狮子和老鼠之间的关系。

相反，对为人处世以地位差异和与之相符的态度为前提的日本人来说，当他们处于狮子的立场时，则很容易对美国版故事里老鼠的这种“不知天高地厚”的态度产生反感。现代美国人几乎很难理解这种感情，不过大约60年前美国北部的白人对黑人的感受却与此颇有共同之处。

对温迪的这番意见，玛丽的反应出乎我的意料。

“哦，是这样啊。说到底还是不平等社会所特有的感情。”

她的话充满了偏见。对此，我不能默不作声。

“玛丽的这个发言有点问题。她在话中暗指日本是不平等社会，而美国不是。实际上，我们不能轻易比较出美国和日本哪个国家更不平等。”

我先讲了美国和日本的社会不平等的历史差异和现代的主要不同，又接着往下说：

“所以，问题不在于哪个国家的社会更不平等，而是两个社会的个人之间都存在社会地位差异，在这个前提下，为什么地位不同者在日本比在美国更容易形成个人之间的融洽感情。关于这一点，温迪的意见非常切中关键。不过她也说自己虽然能理解这个道理，却无法切身体会。为什么呢？这一点我实在不太理解，假如以身边的例子来说，可以考虑兄弟姐妹之间的关系……”

玛丽突然打断了我的话：

“教授！您认为兄弟姐妹的地位不同吗？”

不得不承认这个例子不太恰当，我一紧张，接下来的回答也不够充分。

“不是的，兄弟姐妹在长大成人以后，地位应该不至于不同，但在孩提时期，即使只相差两岁，经验和知识上就会有很大的差距……”

“教授！”玛丽又一次打断了我，“您没有正面回答我的问题。如同中根千枝所说的，在日本的学校和职场中，即使只差一年，人们也会意识到彼此地位的不同，为了体现级别不同而称呼‘学长’或‘学弟’吧？我想问的是，教授是不是也基于这种日本人的心态，认为兄弟姐妹的地位不同呢？”

幸亏她提到了中根千枝，我才得以冷静地回应这个略带挑衅的质疑。

“你说的日本人的心态，我当然也有。虽然在美国生活了很多年，但我毕竟还是日本人。尤其是我回到日本，如果说话时不根据年龄或地位的不同而使用敬语，有时会很失礼。所以不论是否喜欢这样，我都必须在某种程度上注意年龄和地位的不同。

“由于英语没有类似用法，所以我在美国时就不会特别留意这些差异。但无论身在什么地方，至少我都不会因为年龄或其他属性而歧视任何人。

“第二次世界大战以前，日本是家长制，长子在法律上拥有特殊的权利。不过第二次世界大战以后，兄弟姐妹不论性别或出生顺序如何，在法律上都一律平等。

“至于兄弟姐妹或学长学弟的关系，确实是之前课上讲到的中根千枝提出的纵向关系，从人们有意识地据此来排序这个意义上看，也可说是地位不同。不过，这并不意味着我们认为排序代表着权利或身份的差距，而是由于日本有尊重资深者的传统，或者人们认为很多机会都是轮流的，而过去的习惯一直是按照排序来轮流，所以日本人不可避免地会关注排序。

“不过，近些年来，很多企业引进了成果主义等思维方式，不再按照排序为员工提供机会，所以年资排序制度也开始瓦解，尤其是年轻人的排序意识，我感觉已经变得很淡薄了。”

“是吗？那就好。”

玛丽尽管不再进攻，却仍板着脸，语气中也明显地强压着不满。我对她的挑衅态度也不知道该如何应对。一时间，班上的气氛有些尴尬。

幸亏艾米丽打破了沉默：

“教授，我可以请教一个问题吗？”

“好，请说。”

“在日本版的《狮子和老鼠》里，狮子说‘既然已经这样，也没办法了'，我不太懂这个意思。请问这句话的准确含义是什么呢?"

"我想，这句话是指狮子睡得正香却被吵醒了，可即使惩罚老鼠，也没法再回到香甜的睡眠中。美国不是有句俗谚叫'别为打翻了的牛奶懊悔难过'（Don't cry over spilt milk）吗？"

"这两种情况完全不同。打翻牛奶是自己的失误，当然得由自己负责，就算事后懊悔也无济于事。可是，在这个故事里，犯下过错的是老鼠，而受害的是狮子，所以情况不一样。"

她说的也有道理，我部分同意她的论点，又继续往下说道：

"不过，或许可以这样想：就结果而言，最后还是相同的。不论是惩罚别人还是责备自己，都不能再重新回到熟睡中了。所以，同样也是无可奈何的。"

"我一点也不懂您的意思。"艾米丽回答。

其他学生似乎也支持艾米丽的看法。

这种思维与佛教的谛观相通，也难怪美国人感觉无法理解。

"是吗，我这样解释你们听不懂吗，真糟糕。但是下课时间已经到了。好吧，我回去研究一下，下次上课时再回答你们。"

最后班上总算又恢复了往常的和睦气氛。

第二幕　新狮子和老鼠：日本版 V. S. 美国版

自从决定由我和戴维分别撰写现代日本社会版和现代美国社

会版的《狮子和老鼠》，已经过了两个星期。

今天是发表新版故事的日子。戴维依照之前的约定，提前把他的作品交给了我。真是一篇精彩的文章！

我把我那篇好不容易才写出来的故事、相关的参考资料，连同戴维的作品一起分发给了大家。除了请同学们在下次上课前读完以外，我没有特别规定必须根据哪种观点进行分析。

再次踏入教室时，我可以感觉到大家对今天的课充满了期待。

“好，大家都知道，今天的课是延续两周前的部分。按照约定，戴维写了现代美国版的《狮子和老鼠》，我写了现代日本版的。和之前说的一样，要请各位评判谁写得更好。

“不过今天的课程目的并不只是这个，今天还要请大家讨论这些故事体现了现代的日本和美国，与过去的日本和美国有哪些不同，以及故事是否成功地体现了出来。

“不过，除了次郎，恐怕其他人都不太了解现代的日本，所以我们比较两则故事时，可以不看谁更能体现出现实状况，而是看哪个寓言更有趣，更能让人读起来心有所感。各位同意吗？”

大家似乎都同意。

“那么，从哪一篇开始呢？我想还是先看各位会觉得比较真实的戴维的作品吧。他写得真是太精彩了！”

第一场　新狮子和老鼠：美国版

戴维·莱特曼改写的现代美国版《狮子和老鼠》的开头，和旧版本完全一样。也是老鼠为了向同伴证明自己的勇敢，便说“我敢跳到它的背上撒野！”然后就跳到狮子的背上……

没想到，老鼠正要跑下来时，原本看起来睡得正香的狮子陡地跳了起来，抬起前脚压住了老鼠。

“是哪个不知死活的家伙，竟然把我吵醒啦？”

狮子几乎就要把老鼠给一口吞下了。不过还有个家伙在附近观察事态的发展，是狐狸。狐狸飞快地冲了出来，连珠炮似的大声嚷着：

“狮子大王，请等一下！这种事怎么可以私下解决呢？我明白您当然有自己的主张，可也该给老鼠一个辩解的机会呀。我们必须要维护公正。您狮子大王，想必应当非常明白这个道理吧。”

狐狸说完，迅即朝老鼠附耳问道：

“你，不对，你的家人和朋友们在经济上想必很宽裕吧？”

“什么？”

“只要胜诉以后再付我酬劳就可以。换句话说呢，如果败诉的话，我一分钱都不拿；但如果我能救你一命，可请给我丰厚的谢礼啊。”

“那、那是当然！”一心只求活命的老鼠连忙答应。

“那么，就这么定了。你什么都别说，一切交给我。”

狐狸低声说完，旋即朝向狮子高声嚷嚷着：

“公正！公正！”

狮子心想，这家伙冷不防插进来，到底想要干啥啊？不禁火冒三丈，一回神才发现，有很多动物被这场骚动引了过来，围在四周。好像还有些动物看到狐狸不停地喊着“公正！公正”，便跟着频频点头表示赞同。

“算了，反正这分明是老鼠的错，我肚子现在也还不饿，不如就按照狐狸说的‘公正’去解决吧。”狮子强抑住怒火，冷静地打定主意。

几天以后，法庭开庭了。

庭长是猩猩，代理狮子控告老鼠的检察官是野狼，为老鼠辩护的当然是狐狸。此外还有松鼠、马、牛、美洲狮、羊、熊各两名，共计 12 名陪审员。许多动物到法庭出席旁听。

有罪与否最终由陪审团决定。如果陪审团做出“无罪”判决，庭长也不能更改这项决议；相反，如果陪审团做出“有罪”判决，除非有极为重大的理由，庭长也不得更改为无罪，况且通常庭长也不会更改。因为假使庭长轻率地推翻了陪审团的决定，必定会引发动物们的抗议：

“这不是由我们的代表做出的审判，根本就不公正！”

因此，野狼和狐狸准备展开辩论，争取担任陪审员的松鼠、马、牛、美洲狮、羊和熊们同意自己的观点。

一开始，先由野狼向老鼠提问，确认它有无跳到狮子背上撒野的事实。老鼠坦承不讳。接着，野狼说道：

“老鼠明知那是狮子的身体，却仍旧故意在它身上奔跑，这点确凿无误。

“因为根据狮子的观察，老鼠起初先窥探它的动静，看准它正在睡觉之后，才跳到它的身上来。

“我已经找到与此具有重大关系且当时听到了老鼠们对话的动物。证人同意在必要时出庭作证。”

野狼说完，旁听席便传来一声声叹息，仿佛在说：这下子老鼠可要没命了。

野狼试图让老鼠承认自己跑到狮子身上是有预谋且故意为之的行为，不过只见狐狸站起来请求庭长：

“对这个提问的回答，与即将揭露的事实有关，因此希望能留到稍后再答。”

“为什么现在不明确否认那并非故意的行为呢？狐狸到底在搞什么啊？”旁听席上支持老鼠的动物们纷纷发出疑惑与不满的声音。

野狼紧接着提出了老鼠的罪名，依次包括最严重的谋反罪，其次为侮辱罪，最轻的是妨碍睡眠罪。它陈述了各项罪状的理由，还强调别说是最严重的谋反罪，仅凭对狮子的侮辱罪，就足以判处死刑。所幸区区一只小老鼠跳到狮子的庞大身躯上，还不至于使狮子受伤，否则又得加上一条重伤害罪。

狐狸立刻起身反驳：狮子并不是所有动物全都认可的万兽之王，所以不符合谋反罪的条件；而且既然野狼说狮子“观察”到了老鼠的举动，这说明它当时应该是醒着的，所以妨碍睡眠罪也不成立。

“我说，各位陪审员啊，”狐狸接着说，“其实，我最想说的是另一件事。”

狐狸向猩猩庭长确认可以就此进入正题以后，接续说道：

“各位，我最想告诉各位的是，老鼠罹患了一种特殊的疾病，病名叫作‘注意缺陷多动症’。”

“‘注意缺陷多动症’？你们听说过这种病吗？”旁听席上传来了交头接耳的嘈杂声。

野狼立即站起来说道：

“各位陪审员，我从来没听过‘注意缺陷多动症’这种病。不过，我很容易就能想象得出狐狸要说什么。我猜测狐狸想说，‘老鼠是不小心的，他根本没留意到那是狮子的身体。’我认为他正是为此才搬出‘注意缺陷多动症’这种夸张的病名的。

“不过，在各位听取狐狸的辩解之前，我想先提醒大家两件事：

“第一，老鼠的行为与‘不小心’之间显然存在矛盾。关于这一点，不论是狐狸还是老鼠，到现在都还没有解释清楚。第二，即便老鼠的行为确实并非故意而是出于过失，但其行为已经给对方带来损害，因此依然是有罪的。请各位在判决老鼠有罪或无罪时，千万别忘了这一点。”

听完野狼的补充，狐狸首先说的是：

“庭长！野狼完全是在臆测我想通过老鼠的注意缺陷多动症说明哪些事实。”

猩猩庭长点头表示明白，转身面向陪审团说道：

“狐狸说得完全正确。各位陪审员，根据臆测说的话与根据事实说的话，二者完全不同。审判必须根据事实，野狼刚才的陈述没有事实根据，请勿纳入考虑。”

陪审团里的松鼠、马、牛、美洲狮、羊、熊等动物们，虽然对自己是否准确地理解了猩猩庭长的发言内容没有把握，但全都严肃地点了点头。

狐狸接着说：

“陪审团的各位，在解释什么是注意缺陷多动症之前，我希望首先能明确两个问题：第一点，注意缺陷多动症这种疾病是确实存在的，而且老鼠真的患了这种病。”

狐狸说到这里，向庭长递交了精神科浣熊医生出具的诊断书。诊断书上写着“兹证明老鼠患有注意缺陷多动症”，还写了一大堆像是数字的什么东西。诊断书上有浣熊的签名和昨天的日期。

在一旁看到诊断书的老鼠心想：昨天狐狸叫我去见浣熊，浣熊问了我很多问题，原来是和这份文件有关系。不过，当时浣熊可没说什么注意缺陷多动症什么的啊。

“第二点，”狐狸继续说，“我要说的是，不论是谁，完全由于疾病所导致的行为是无须负责的，因此也不算是犯罪。他真正需要的只有治疗。接下来我将证明，老鼠闯出的大祸，完全是这种注意缺陷多动症导致的。那么首先我需要解释，注意缺陷多动症到底是一种什么疾病。”

狐狸开始讲解起来。依照它的说法，这种疾病不只是单纯的注意力不集中，或者不经思索便采取行动，还有其他更为严重的症状。

“关于这方面的情况，我想请专家作证。”

狐狸接着传唤浣熊出庭当证人。浣熊作证称，注意缺陷多动症这种疾病的症状是，至少会在短时间内无法判断自身行为的对错及其将会造成的后果，甚至会在没有明确意识和不知道自己在做什么的情况下，不由自主地做出某些举动。

浣熊进一步介绍，尤其是如果患者在幼儿时期曾经遭受过极端痛苦的经验，并于该时期失去了能够关怀和提醒自己的保护者而处于无人照料的状态，就很容易患上这种病。

“根据这位证人的证词，”狐狸接着浣熊医生的话说，“老鼠在还不满一岁时，曾经目睹了母亲惨遭山猫袭击和撕咬并被叼走的恐怖经过，可以说是非常悲惨的回忆。浣熊医生认为，这段经历很可能造成精神创伤，成为生病的原因。您是这样说的吧？”

浣熊回答“正是如此”。旁听席传来很多对老鼠的同情声和批判猫科动物的窃窃私语。原告狮子和陪审员中的美洲狮们一时间都很尴尬。

这时，身为当事人的老鼠却只觉得难以理解。

它想，我的确告诉过浣熊，妈妈在我一岁之前就死掉了，可我并没说是遭到了山猫的袭击啊。这到底是怎么回事呢？

闹哄哄的旁听席恢复平静以后，狐狸谈起了老鼠在成长过程中，最初出现病兆的几件小事。

帮父母做事时，明明没有什么需要着急的事，它却偏偏冲奔出去摔倒在地，经常摔坏了搬运的东西，每次都会遭到父亲或继母的严厉责骂。还有，它与同父异母的弟弟们玩耍时，不顾它们的年龄和体力就把它们甩出去，害它们受了皮外伤，因此被父亲狠狠地处罚，被打得留下了严重的伤疤。

狐狸说，这些事情导致老鼠的病情进一步恶化。

“要治好老鼠这种病，需要父母或者监护者理解它的好意，关爱和守护着它，还要用心矫正它粗心的举止。而像老鼠的父亲和继母那样，只看表面的结果就对它加以严厉处罚，只会带来反作用。当然，这都是浣熊的诊断。”

狐狸说着，再次请求让浣熊作证。

旁听席上，很多动物都在交头接耳，它们更加同情老鼠了。对于老鼠成长过程中的悲惨故事，本应找出直接目击者，请它们提供符合事实的证词，可是狐狸宛如亲临现场般的滔滔叙述，让野狼听得入了神，根本忘了该提出抗议。

“好了，关于事发当天的情况，”狐狸说道，“必须听取老鼠本人的证词，所以我想传唤它。”

旁听席忽然安静得悄无声息。

狐狸事先已经取得猩猩庭长的许可，以老鼠在众人面前说不出话来为由办理了相关手续，先由狐狸代为叙述，再由老鼠作证确认。因此狐狸立刻在被传唤出庭的老鼠耳畔悄悄地说：

“全都包在我身上。你只要在我每次问你‘是这样吧？’的时候，都明确地回答‘是的’就可以了。即使我说的是你没想到的事情，也不要犹豫，明白了吗？”

老鼠已经明白了，狐狸正在编造一个违背事实的故事，而自己只不过是它的一颗棋子。这个故事的后续发展，完全掌握在狐狸的手中，因此自己现在的最佳策略就是任由狐狸摆布。于是老鼠只回答：“好的”。

后续的证词，都是通过狐狸叙述、老鼠确认的方式进行的。其大致过程如下。

狐狸首先叙述：当天早上，老鼠原本好心帮忙却把事情搞砸了，被继母狠狠地痛骂了一顿以后，又被吩咐赶紧出门去办事。

“老鼠就是在出门办事的途中，在草原上遇到了其他老鼠。当时，老鼠们正聚在一起谈论类似‘谁是我们之中最勇敢的’等无关紧要的话题。恰巧从这里路过的老鼠由于心情很是低落，为了排解郁闷、帮自己打气，它就半开玩笑地说自己最神勇。而且，为了证明自己的话，它还不假思索地炫耀说‘我敢跳到狮子的背上撒野呢’。”

狐狸讲到这里，老鼠证实道：

“就是这样，没错。”

陪审团和旁听席笼罩在紧张的气氛里。

就在这一瞬间，野狼发现自己原先预备作为撒手锏的郊狼证词，也就是郊狼作证亲耳听到被告老鼠的确说过这句话的证词，现在已经派不上用场了。

野狼心想，再这样下去，情况可不妙啊。于是它开口发言：

“庭长，没有证据能证明，老鼠的这句‘我敢跳到狮子的背上撒野呢’是当时随口说出来的。”

“野狼检察官，您有证据能证明不是这样吗？老鼠是宣誓过的，莫非您认为它做了伪证吗？”

狐狸反驳了野狼。野狼不得不暂时认输。猩猩庭长请狐狸继续老鼠的证言。

“接着刚才的说，老鼠还有急事要办，因此说完这句话就与同伴们分道扬镳了。这时，他早已不记得自己刚才为了帮自己打气，对其他老鼠说过什么话了。然后，老鼠遇到了碰巧正在草原上睡觉的狮子。那一刹那，老鼠吓得本能地想逃跑，可忽然又发现狮子似乎睡得正香。

“这只老鼠确实是伙伴之中最勇敢的，而且这是第一次如此靠近狮子，它忍不住啧啧赞叹、津津有味地看了好一会儿，连自己为什么会来到这里都忘得一干二净。忽然间，它想起自己还得赶着去办事。”

狐狸讲到这里，听到老鼠证实“就是如此”，长长地叹了一声。紧接着，它提高了嗓门，一口气说了下去：

“各位陪审员，为了理解老鼠接下来的举动，我必须再次请大家回忆一下注意缺陷多动症这种疾病的特征。老鼠正是患有注意缺陷多动症，而且当天早上，它刚遭到继母的责骂，处于极易出现症状的状态之下。突然想起还有急事待办这一刹那，老鼠顿时心头一惊：‘糟了！办迟了可又要挨骂了，完蛋啦！’于是，便发生了正常人完全难以理解的情况：它满脑子只急着要去办事，完全忘记睡在面前的是一头狮子，把狮子的背部当成浅褐色的土堆而直奔了上去！”

旁听席发出了阵阵低语：“怎么可能有这种事？”“不不不，说不定真是这样的呢！”

老鼠证实确实如此时，旁听席的交谈声变得更为嘈杂。

狐狸等旁听席安静下来，又继续说道：

“接下来，发生在可怜的老鼠身上的经历，各位已经非常清楚了。”

狐狸说完以后，轮到野狼对老鼠提问。可是它在毫无准备之下失去了撒手锏，根本没有提出什么像样的问题。

其后，在最终结辩时，野狼没有在谋反罪和妨碍睡眠罪上多加着墨，只主张老鼠犯有对狮子的恶意侮辱罪，虽然它强调老鼠自己也承认曾经说过“我敢跳到狮子的背上撒野呢”这句话，但对判决结果似乎并没有什么把握。

狐狸最后的辩护论述如下：

“各位陪审员，我主张老鼠无罪。理由已经陈述得十分清楚了，在此不再重复。最后，我只想说一件事，或许在你们之中，有几位（说到这里，狐狸坚定地盯着两头美洲狮）会觉得，即便老鼠的行为是注意缺陷多动症导致的，它也‘必须以某种方式向狮子赔罪才行’。关于这一点，我认为可怜的老鼠已经付出足够大的代价了。

“就在老鼠差一步就要被狮子吞下肚的惊险瞬间，我正好赶来阻止，看到当时老鼠脸色发青，它肯定吓得以为必死无疑了吧。纵然他打扰了狮子的舒适睡眠，我想这样的责罚已经足够了吧？假如还有哪位认为‘不，不够，老鼠吃的苦头，怎能和它给狮子带来的麻烦相提并论呢？’那么，我要在此郑重地说……”

狐狸说到这里，朝旁听席环视了一圈，然后再次转回头面向陪审团：

“这种想法，是对小动物和弱势群体的歧视！我们绝不能认同这种观点！我的结辩到此为止。”

之后，庭长请陪审团的松鼠、马、牛、美洲狮、羊和熊们到另一个房间慢慢讨论。由于两头美洲狮迟迟不肯松口，它们花了很长时间才得出结论。最后，12 名陪审员一致通过，宣布老鼠无罪。旁听席爆发出如雷的欢呼声。

审判结束后，只剩下老鼠和狐狸时，老鼠再次由衷地感谢了狐狸，然后说：“不过，您说的话并不是事实啊。”

“唉，我的工作就是要让你无罪释放。我只不过是采取了最佳的策略，真相不是那么重要。对我来说，唯一重要的，是不仅要在辩论中战胜野狼，还要让陪审团也认为‘自己做出了正确的判断’，更要使听到这个结论的众多动物都觉得‘没错，这才是公正！’。这就是我采取的胜利策略。这回大家都说，‘这是场公正的裁决！’所以我也心满意足了。”

“可是，”老鼠接着又很过意不去地问，“承蒙您救了我的小命，我提出这样的问题，实在非常失礼，不过根据非事实得出的结论却是公正的，这到底是怎么回事呢？”

狐狸有些不耐烦，快嘴快舌地回答：

“事实、事实，看你说的好像只有事实才重要！可是只靠事实，并不能实现让大家都认同的公正判决。比方说，你为何要无聊地争着炫耀，做出跑到狮子背上的蠢事呢？你差点因此丢掉了小命。连你自己都说不清楚为什么会做出这种事，对吧？

“我的工作就是，把这种连当事人都无法解释的行为，经过仔细的推敲，说明得既能让大家认同，又能引起陪审团的共鸣。这种‘共鸣’，不只是对你，对我们大家、对这个动物社会，尤其是对小动物和弱势动物，都能带来更好的结果。所以我才采取这种策略来辩护。

“在说明的过程中，就算某些部分和实际状况有所出入，也没什么大不了吧！”

在老鼠的认知中，审判就是“依据事实做出公正判决”，所以它听到这番截然相反的阐述，惊讶得哑口无言。狐狸这时又恢复了原先的和蔼态度，说道：

“当然，还有一点很重要，那就是对我而言，法庭不只是追求真理的地方，更是我的工作场所。既然是工作，就必须得赚到钱才行。对了，‘胜诉报酬’的事儿，你没忘记吧？那么，我们接下来就开始具体讨论这方面的细节吧？”

“好，”我说，“这次请作者戴维代替我担任主持人。”

然后我和戴维交换了位置，这是事先已经商量好的。

“那么，在开始讨论之前，关于内容，大家还有什么疑问吗？”戴维问道。

“嗯，我想确认一下，”温迪首先发言，“故事里出现的注意缺陷多动症这种病名，当然不是指注意缺陷多动障碍吧？因为故事中描述的原因和症状，都和注意缺陷多动障碍不同。所以我想请教的是，实际上真有注意缺陷多动症这种病吗？还是你自己杜撰的呢？”

“注意缺陷多动障碍”是一种真实存在的疾病，尤其好发于儿童，患者似乎会经常出现身体躁动、无法安静自持等症状。有一份销量很好的周刊最近还对此做过专题报道。

“对，是我虚构的。我只是根据注意缺陷多动障碍取了一个近似的名称，但和这种病完全无关。”

“嗯，我想问的不知道该算是确认还是意见……”这次轮到凯文发言，“故事里提到了按判决结果收费，也就是风险代理收费，但这原本是对民事诉讼中的原告适用的制度。在这则故事里，老鼠是刑事诉讼的被告，所以采用判决结果收费制似乎有些不合理。

“在民事诉讼中，被告通常是企业或有钱人，而原告则多是穷人。因此为了让贫穷的原告不必担心诉讼费用，可以放心地起诉，才只需要根据判决的胜诉程度，也就是依照所能获得的赔偿金额支付律师费用。按判决结果收费，是专为穷人设计的制度。”

“咦，真的吗？我还以为这是律师们为了增加诉讼案、多赚些钱才设计出来的制度呢。”杰夫插嘴说道。

“就结果来说，或许也脱不了这层意味。但这个制度的初衷，完全是为了让没有钱的人也能提起诉讼，而无须忍气吞声。在这个《狮子和老鼠》的故事里，狮子可以说是强者，或者有钱人；而老鼠是弱者，或者穷人。从这一点来看，故事里出现‘狐狸向贫穷的老鼠提出只需按判决结果付费’的情节也不错。不过在实际操作方面，它们其实很难用金额来衡量诉讼的获胜程度。”凯文补充。

“我其实不知道这个制度的细节，所以没想到这么多。”戴维回应。

“那么，有钱的被告一般是如何支付律师费用的呢？”马克问道。

“当然是按时间计算。律师的知名度高低和经验多寡不同，收费标准也会相差很多。”凯文答道。

“对了，凯文，你打算在咱们学校的法学院读研吧？我记得你好像说过要学民事诉讼专业？”杰夫向凯文问道。

“嗯，我目前是这么打算的。”

“那等你当上律师以后，想为哪一方辩护呢？被告？还是原告？”

“哈哈哈，你这个问题还真难回答啊。咱们学校法学院毕业的研究生，做民事诉讼律师的，几乎都是接受企业或有钱人的委托，为被告辩护的。”

“什么，你不是站在‘穷人’这边，而是要替‘有钱人’辩护啊？”

“嗯，可能会这样吧。不过，过去像我这种亚裔美国人，即使想为企业或有钱人服务，也不会被聘为律师。虽然我还不知道自己能否实现这个目标，不过如果能成为这些人的辩护律师，会有助于提高亚裔美国人的社会地位。”

“也就是说，不仅对你自己有利，还能减少社会的不平等，真是一箭双雕啊。你这家伙真幸运！”杰夫爽朗的语气中没有丝毫嘲讽之意。

不过我却回想起以前和我私下交谈时，杰夫曾经说过他并不赞成废除《平权法案》（Affirmative Action，美国为消除种族歧视和性别歧视而采取的一项积极政策）。

该政策规定了大学录取时的种族分配比例，平均成绩较优的亚裔美国人反而会因为比例配额的限制而处于不利地位。

杰夫认为，尽管废除《平权法案》有利于包括自己在内的亚裔美国人，但保留《平权法案》既可以抑制潜在的种族歧视，又能照顾发起公民运动、对消除美国社会种族歧视做出过重大贡献的黑人。所以他反对废除这项法案。

“喂，再谈下去就离题了。”主持人戴维制止道，“这个话题留到你们下课后再聊吧。好了，还有其他问题吗？”

“……”

“看来好像没有，那我们就开始讨论这则寓言的主题吧。大家认为这篇现代美国版《狮子和老鼠》，想要表现的主题是什么呢？”

“是美国现代社会中，被告律师在刑事诉讼中所扮演的角色吗？”温迪率先回答。

“没错，这是其中一个主题。”戴维说，“关于这个主题，寓言故事想要说明什么呢？”

“律师得到了名利双收的完美结局（Attorneys appear to balance themselves well between two stools），”这次是艾米丽发言，“也就是同时实现了私利和社会正义。不过，前者是‘真心话’，而后者是‘场面话’。”

艾米丽用日语说了“真心话”和“场面话”两个词，并给某些音节加了重音。关于这两个相对的概念，我很早以前在课堂上讲过，同学们都大致了解。

“也就是说，伪善。”玛丽说。

杰夫跟坐在旁边的凯文小声说着什么。

我坐在他们附近，听到杰夫问的似乎是：“你觉得呢？”而凯文则明显地耸耸肩。我想他们两人的交情应该很好吧。

“艾米丽刚才说律师实现了社会正义，”戴维接续着方才的讨论，“但那是狐狸的说辞，和我的本意稍微有些出入。有人注意到这一点了吗？”

“我猜，”温迪开口说道，“从狐狸捏造出一个偏离真相的故事这一点来看，他是在使用戏剧手法，是拟剧论，也可以说是在进行印象操作。”

“对！印象比真相更重要。”作者戴维回答。

“虚拟的真实比现实真相来得重要。”马克补充道。

所谓“拟剧论”，是社会学家欧文·戈夫曼提出的理论，指人们在日常生活中，像演员在舞台上演戏一样，依照自己期望呈现给周围“观众”的印象而行动。

这时，我也参与到讨论中：

“说得也是，在美国，实现公正的基础已经由事实和逻辑逐渐变为印象和心理了。其背后有一部分是媒体利用事件本身的不确定性，采用吸引观众注意或引发社会轰动的报道方式所带来的影响，除此以外，律师也会从战略上利用这种效果。”

这个话题引发大家兴致勃勃地谈论起比弗利山庄发生的弑亲案等著名具体刑事案件的判决。有一对兄弟涉嫌杀害了父母，律师却在辩护中为加害者塑造了受父母虐待的被害者形象。在讨论中，杰夫提出了一个很有趣的观点：

“可是我觉得在这个故事里，大家似乎都任由狐狸摆布。陪审团难道不是应该更积极地去寻找真相吗？”

“我为了突显律师的角色，才把故事写成这样的。从这一点看来，我这种写法可能的确有点问题。”戴维表示同意。

我也适时加入了讨论：

“各位对于陪审员制度是怎么看的呢？其实日本也正准备引

进类似的‘审判员’制度。”

我简单解释了两种制度的共同点与相异处之后说：“不过呢，无论是陪审员还是审判员，我对这些制度的好处都有些怀疑。要判决一个人有罪还是无罪，必须具备法律知识、判例知识，以及认定证据是否合理的鉴别方法和判断力，无论哪一项都需要高度的专业水平，还必须具有极高的伦理标准。然而，拿美国来说好了，没有受过任何专业训练的普通公民，竟然会突然收到法院的通知，来担任陪审员。实际上几天前，我也接到了伊利诺伊州法院命我担任陪审员的通知，上面甚至还写着如果不去报到，将会被处以罚金之类的威胁。

“公民参与案件审理，虽然可以领到少许津贴，但其他费用均须自己负担。对于没有休假的计时工作人员或者个体经营业者来说，实在是不小的负担。所幸我不是美国公民，没有担任陪审员的资格，最后法院撤销了这个命令。

“可如果是美国公民，就得被迫接受这项兼差，决定被告是否有罪，有时甚至还得决定是否给出死刑裁决。这些人根本没有任何法律基本知识。我认为，让陪审员决定有罪或无罪，这已经超过了他们能够承担责任的范围，对被告来说尤其不负责任。打个比方，这种制度就像只由医生向一个外行人说明手术的内容，就让他站上手术台操刀一样。

“此外，如同戴维在故事里描述的，判决有罪或无罪，本来必须考虑到各种复杂的因素，但律师和检察官都倾向于只对外行陪审员做简单的说明，甚至通过印象操作诉诸感情。这种做法难道不是很容易扭曲真相吗？”

“可是教授，民主制度原本就是不完备的，其中也包括对罪行的判决。即便如此，我依然认为罪行不应当由握有权力者裁决，而应该由普通人来判断。况且陪审团必须遵循全体一致同意的原则，因此陪审员最终多半也会采用做出正确判断并足以说服他人的意见来作为他们一致同意的意见。”

这段话是凯文说的。我认为，在国家赔偿诉讼以及居民诉讼等被告是国家或地方自治体的情况下，陪审员或审判员制度确实可以体现民主，因为法官的公务员身份很难不让人质疑其中立性。但将被告是普通人的案件交由不谙法律的普通人来裁决，我没法认为这就是民主。

“可是，只凭任何制度都不完备这个理由，我还是无法认同。”

我没有再继续深入讨论。即使接受凯文的观点，承认陪审员制度属于民主制度，我认为也如同政治学者丸山真男所强调的，只有在普通民众当中确立“民主主义个体”，这种制度才有可能充分发挥作用。换句话说，每一个个体都必须拥有自己的价值观，同时除了自己的生活之外，还要关心国家和社会等超越自身生活层面的问题，并愿意参与解决相关的问题。

日本的文化土壤上尚未培育起“民主主义个体”，人们仍旧只关心身边的小事，甚至以“迎合周围气氛”为上。在这种情况下引进审判员制度，不能不令人疑虑。

讨论暂歇之际，戴维开口说道：

“除了律师的作用以外，其实这个寓言故事里还隐含着另一个相关的主题，有人知道是什么吗？”

没有人举手，于是我举起了手。

“那么请山口先生回答。”戴维说道。

大家一齐看向我，露出了别有深意的笑容。

“嗯，刚才已经讨论了，人们是如何根据印象和心理来进行审判的。我认为这个寓言隐含的另一个相关的主题是，在现代美国，至少与过去相比，个体行为所负的责任变得模棱两可，并被解释得更小了。老鼠只因为得了‘注意缺陷多动症’便得以免罪，这在过去的美国社会根本说不过去。”

“对，这就是故事的另一个主题。”戴维说，“说得好，这个答案可以拿到 A！”

大家都笑了，看来戴维也有幽默的一面。

在目前的美国社会，律师在法庭辩护时，常将犯罪的原因归咎于遗传特质、幼儿时期遭受的虐待、家庭与社会环境等因素。这样不仅可以得到从轻量刑，有时甚至会影响到有罪还是无罪的判决。

在美国社会，个体行为的“责任”过去要更为明确和严格，现代以来则变得完全不同。而在日本，“责任”开始受到重视，并被纳入政治场合，两国的社会潮流截然相反。

关于这个话题，同学们热烈讨论了一些最近的具体案件。大家一致认为，过去对待责任的严苛标准当然不无问题，但像现代一样完全模糊化的做法也十分不妥。

讨论告一段落后，戴维说：

“那么，最后我想借用山口教授的话请教大家。现代美国版的《狮子和老鼠》，和旧版的故事比较起来，有哪些不同呢？当然，除了……”

“出现了狐狸！”

戴维还没说完，杰夫已抢先大喊。大家忍不住笑了起来，戴维也露出苦笑。

“我正想这么说。除了刚才已经讨论过的，也就是出现了律师和个体行为责任变得更模糊这两点以外，还有没有其他的差异呢？”

“我觉得应该是，”艾米丽说，“最后没有出现老鼠救了狮子的情节。”

平时总是爱讲道理的艾米丽说出这句话，大家都感到略为诧异。

艾米丽有些难为情地赶紧补充说明：“我不是像杰夫一样在开玩笑。个人之间在解决纠纷时，如果有律师或法院的介入，或许得到公正结果的可能性会更大。但另一方面，这样就不会出现双方当事人直接交涉时有可能形成的信赖关系，或者当然也有可能更加决裂。我想，故事里没有写老鼠救狮子，也许和这一点有关。”

“我也是这么想的，”戴维接着说，“最初我也想构思一个老鼠救了狮子的情节，可依照这个故事的发展，根本没办法加进去。老鼠和狮子已经没有理由再发生关系。我没有像艾米丽想得那么深刻，不过确实有相同的感觉。”

这时，我也做了一些补充。有关民事纠纷，日本的惯例是如果双方当事人能够直接和解，便尽量鼓励他们和解，实在无法和解才会转向仲裁或诉讼。与美国当事人彼此不直接对话，一开始便委托律师等中介的做法相比，日本的当事人在精神和心理上的负担都要更重一些。

假如最后能够顺利和解，双方还能在某种程度上恢复信赖关系。但如果协商失败，反倒会加深彼此的不信任，带来精神上的折磨。因此和解的方法就像一把双刃剑。

现代美国版的《狮子和老鼠》的讨论到此结束。我表扬了戴维优异的主持表现，并接替他继续主持。

第二场　新狮子和老鼠：日本版

开讲之前，我先说了以下开场白：

“我先声明一下，这篇寓言故事与其说是现代日本版，不如说是现代日本年轻人版。大家读了就会明白，这篇故事的内容会对年轻人做一些批判。不过为了日本年轻人的声誉，我想提前声明，并不是日本所有年轻人都是如此。日本人的价值观也越来越多样化，这篇故事说到底只是一则寓言，是我这个中年日本人经由外部而不是内部的观察，对现今日本年轻人的感受，也可以说是武断又偏执的讽刺画吧。希望大家在这个前提下阅读本文。”

我写的现代日本年轻人版《狮子和老鼠》是这样的：

有一天，老鼠们聚在一起，聊到有什么好玩的游戏，大家都想不出好主意。最后，有一只爱表现的老鼠说：

“要不我们来场试胆大赛怎么样？你们瞧，草原那边有一头雄狮正在睡觉。有没有谁敢跑到它的背上啊？”

“那就不叫游戏啦！”第二只老鼠反对说，“再怎么说，风险也未免太高了。”

“是啊，虽然游戏都得多少带些危险性才好玩，但如果为此丢了小命，那就划不来了。”第三只老鼠附和道。

“也不见得吧，”第一只老鼠说，“我看到那家伙刚抓到一头鹿吃掉了。它现在的反应一定比较迟缓，不用担心万一会被它逮住吞下肚。”

尽管它这么说，还是没有其他老鼠表示赞同。可第一只老鼠仍不死心地催促着：“反正又没有其他方案，我们就来玩玩嘛。

一定很有趣！”

“既然你这么肯定，那就由你先打前锋吧。”第四只老鼠提议。其他老鼠也跟着说：“对啊！对啊！”

爱表现的老鼠暗自叫苦，惨了，我又多嘴了。但它已经骑虎难下，不容退缩了。尽管心里百般不愿，它表面上仍强装镇定：“这点芝麻小事，怕什么呢！”说完，就硬着头皮出发了。

“这小子，这小子怎么老是不懂其他老鼠的想法呢。”刚才说“但如果为此丢了小命，那就划不来了”的老鼠，冷冷地说道。其他老鼠也纷纷点头同意。

不得已来到狮子身旁的老鼠，不禁犹豫起来。毕竟，狮子实在很可怕。

老鼠在心里暗自盘算，还是回去算了。可它才刚转身回头，就看见伙伴们频频向它挥手嚷着：“加油！”

老鼠在心里嘀咕，这些家伙真是的，根本不懂别人的苦衷。狮子看起来好像睡得正香，它胆战心惊地打算再朝前靠近一步。

就在这一刻，原本睡兴正酣的狮子突然睁开眼睛，轻易地抓住了吓得无法动弹的老鼠。“是哪个不知死活的家伙，胆敢把我吵醒？”

老鼠在心里盘算，到了这个地步，只能哀求赔罪了。它立刻拼命赔不是：“对不起，我不晓得这是狮子大王的尊躯才斗胆攀爬的，求求您饶了我！”老鼠也没忘了补充一句，“我身上就这么一点肉，想必还不够您塞牙缝儿呢。”

狮子刚吃了鹿，肚子一点也不饿。倘若真把眼前这只一直磕头求饶的老鼠吃进肚，似乎反而会导致消化不良。再说白白杀了它的这条小命，也没什么意思，狮子这样一想就更提不起劲来。因此它随口嚷了声“哎，烦死啦！”就抬起前掌把老鼠甩了出去。

其他老鼠一直远远地静观事态的发展，无不心想这只老鼠果真要干蠢事。它们发现同伴竟然被狮子捉住，不禁担心起它的安危。没想到回到它们身边的老鼠，竟然只受了些擦伤。这群老鼠还笑着调侃它说：“嘿，真是好玩极了！”

过了几天，狮子一不留神，竟落入猎人设下的捕网里了。任凭狮子拼命地啃咬，也没法咬断网子。

正当它打算放弃时，忽然看到一只有些面熟的老鼠。原来是这只好奇的老鼠，特地跑来看热闹。

狮子心想，这可真是走运！于是立即招呼老鼠：

“哎，老鼠，我就是上回救了你一命的狮子啊，这次轮到你救我了。快用你的尖利牙齿把这张网子咬断吧。”

“哪有这种道理。那时候难道不是因为你自己肚子不饿吗？”

“这话也没错，可是上次我要真想杀了你，简直是易如反掌，不过我并没那么做，你说对吧？”狮子仍然想说服老鼠。

老鼠心想，这样说好像也没错，而且趁这个机会给狮子卖个人情，似乎也不坏。于是它改变心意，往狮子身旁凑了上去。等它靠近一瞧，才发现网绳非常粗实，虽然不至于咬不断，可必须耗上一番工夫。

于是，老鼠又改变了主意："狮子大王，我实在很想帮您，但我咬不断这么粗的绳子啊。"

说完，它便想转身离开。谁知狮子迅即伸出前掌，连同网子一把按住了老鼠。

"小老鼠，现在就给我咬开网子！不然，这回我真要宰了你！"

如果有其他选择，狮子实在不想采取这种蛮横的手段，可它现在已被逼急了。老鼠无计可施，只得啃断网绳，救出了狮子。狮子脱离险境以后，仿佛忘了刚才是自己威胁老鼠帮的忙，还向它道了谢。

老鼠回到伙伴身边，向大伙吹嘘自己"救出了"困在猎人网里的狮子。老鼠伙伴们尽管心想，这只老鼠还真好管闲事，但之后对它却也敬畏三分。

这一则"老鼠救了狮子"的传奇故事，也传到了狮子的耳里。"真有这么一回事吗？"其他动物去问狮子。它不好意思承认自己胁迫了老鼠，便说："是啊，没想到竟有这么机灵的小家伙，我以后不会小看老鼠了。"

狮子只是含糊其词，并没有刻意否定老鼠的说法。

"好，"我开口说道，"按照戴维上回的提议，由他和我改写

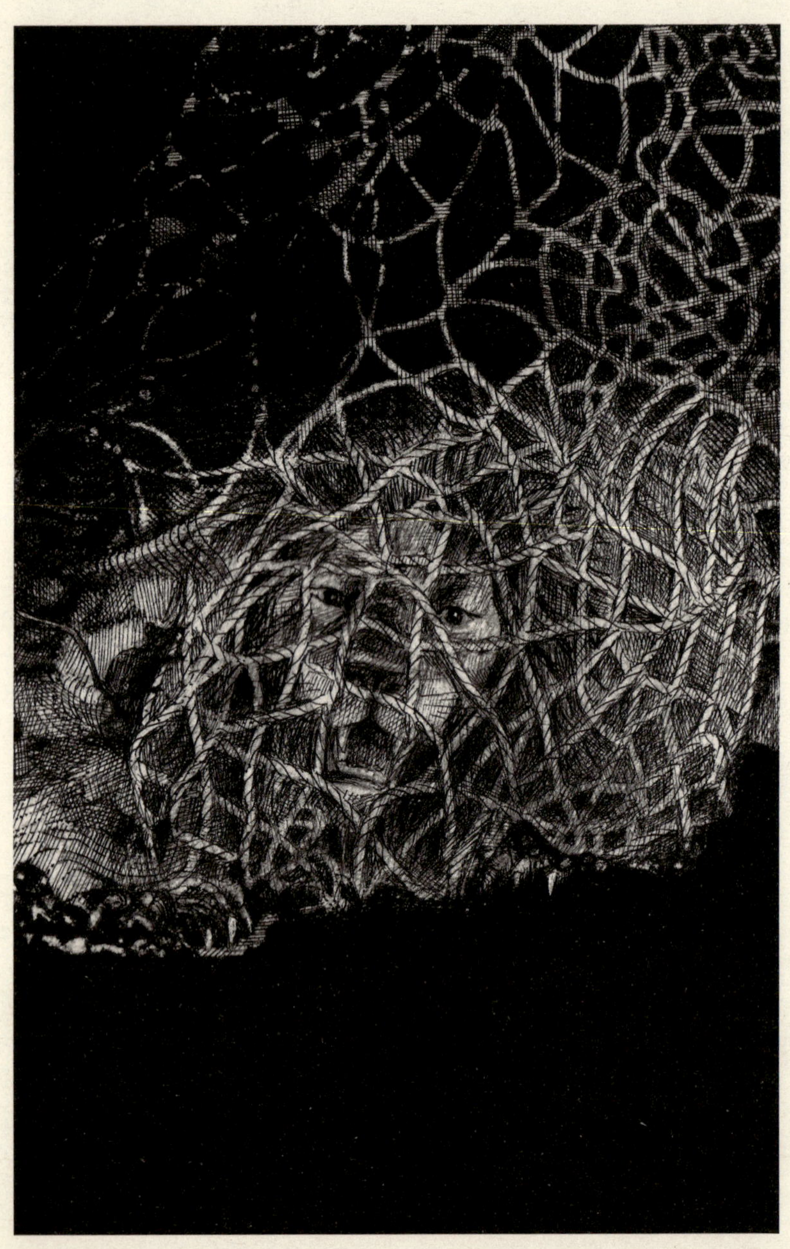

的现代版《狮子和老鼠》不以道德为主题，不过这不表示我们的故事没有主题。那么，这篇现代日本年轻人版的主题是什么呢？”

大家想了一会儿。由于我事前没有提供具体的分析角度，可能这个问题不太容易回答。

过了半晌，戴维第一个开口说道：

“我想，应该是大家缺乏行事的原则，或者说行为缺乏一贯的道德准则吧。因为狮子和老鼠的态度和行为，都是随着情势不同而反复不定。”

“也就是所谓的机会主义吗？”杰夫问道。

“不，不一样。”马克解释，“机会主义者确实也缺乏道德且工于心计，不过除此以外，如果他们认为背叛对方较为有利，就会毫不犹豫地背叛，而在相反的情况下，则会表现出竭力协作的态度。”

“以伊索寓言故事来说，机会主义者就像是蝙蝠那种类型，根据形势不同，一会儿选择加入动物，一会儿又选择归属于鸟类。”玛丽补充说。

“那就跟这个故事完全不同了。”杰夫说。

“而且，尽管老鼠有时精于算计利弊得失，但也常拿不定主意。”温迪提出了看法，“它常在心里打小盘算，有时觉得帮个小忙也无所谓，但看到这么粗的绳子恐怕很费力气又想作罢，就这样翻来覆去。它不够热心，但也算不上冷酷。”

“也就是微温的心（lukewarm-hearted）。”杰夫接续说。

这是杰夫自创的词。在英文中，热心是 warm-hearted，冷酷是 cold-hearted；但却没有在微温 lukewarm 后面接上 hearted 的这个词。

“对，这个形容太贴切了！狮子也有同样的倾向。”温迪说道。

“此外，老鼠还有‘喜欢惹人注目症（wanna-be-conspicuous syndrome）’。”杰夫接着说道。

这个词也是杰夫创造的，他根据渴望成为摇滚明星或是运动明星的“想成为明星综合征”（wanna-be-a-star syndrome）仿造了这个新词。但是这种微不足道的梦想，反倒让人觉得可笑，我和几个学生忍不住笑了起来。

“是的是的，另外狮子虽然和老鼠不完全相同，但它也很在意自己给别人留下的印象。”温迪补充道。

“我也有同感。”几个人附和道。

这个时机正好，我趁势补充说：“是啊，这正是我设计的主题之一。我刻意让狮子和老鼠一样，都很在意别人看待自己的眼光。不过这和我们以前的课上介绍过的‘义理’不同，义理是指根据自己与别人之间的义务关系而采取适当举动，因而重视自己的外在表现。在这个故事中，老鼠和狮子都非常在意自己的外在形象。老鼠注重的是自己看起来是否帅气勇敢，狮子希望自己表现得和善而不可怕，它们虽然各自对外在形象下功夫，但没有同时改变内在涵养。”

“也就是‘想拥有帅气风格综合征（wanna-be-stylish syndrome）’。”这又是杰夫自创的词了。

“真是拟剧论的世界。”温迪说道。

“杰夫和温迪都说到了重点，差不多就是这个意思。”

“那只爱表现的老鼠确实是这种情形，但其他老鼠似乎不太一样。”

我正在等着有人能指出这一点。是艾米丽提了出来。构思故事时，我也有意考虑了这一点。我很想知道她会如何解释这个部分。

“的确如此。那么，有什么不同呢？”我反问道。

“我觉得其他老鼠的态度，以第三只老鼠最为典型，都是在冷眼看着那只想要引人注目的老鼠的举动。关于这一部分，我有一个问题。第三只老鼠批评爱表现的老鼠说，‘这小子怎么老是不懂其他老鼠的想法呢（He is insensitive to other mice’s thoughts）’，我不太明白为什么说它不懂其他老鼠的想法？有两只老鼠表示过反对意见，但这只老鼠听到反对意见后已经做了反驳啊。”

“其实，这句话翻译得不是很准确。”我解释说，“我在这里原本说的是一句日语流行语‘它读不懂周围的空气’。”

“读不懂空气”这句话我是用日语说的。

“这句话直译为英语是‘He cannot read the atmosphere’，在

座的同学可能不解其意，所以我在发给大家的英文版中意译成‘这小子怎么老是不懂其他老鼠的想法呢’。这里的‘空气’是指大家是否赞同它的提议。当它提出建议后，立刻有两只老鼠反对，没有任何老鼠赞成。这个事实表明，其他老鼠的整体气氛其实是不赞成它提出的试胆的提议。然而那只爱表现的老鼠却依旧固执己见，所以其他老鼠才会批评它不懂别的老鼠的想法。”

“对您的这个解释，我还是有些不明白。”这次是马克提问，“艾米丽方才也说了，第二和第三只老鼠反对第一只老鼠的高风险提议，对此，第一只老鼠辩驳说风险没有那么高，并且也说了理由。既然如此，大家就应该先讨论风险到底高不高的问题。只有讨论完以后，才能判断出整体的意见如何。可是，故事里完全没有任何讨论，所以准确地说，我们并不知道其他老鼠的想法是什么。”

艾米丽和温迪听完也跟着点头。马克的话也有一些道理，这部分他们果然不太容易理解。就在这时，次郎开口帮我解围：

“我觉得不是这样。在这篇故事里，提出意见说风险太高的老鼠们，其实是觉得跑到狮子的背上试胆量，根本不好玩也不想尝试，所以才会反对。也就是说，风险太高只是个借口而已。我想，就是因为第一只老鼠没能察觉到其他老鼠的真正想法，所以才会被批评‘读不懂空气’。”

“也就是说，‘不想做’是真心话，而‘风险高’是场面话吗？”

艾米丽问道。她似乎很喜欢“真心话”和“场面话”的区别。

“嗯，我想应该是这样的。是这样吧？”

次郎转而向我确认，我也同意了他的看法。尽管我并不是刻意如此构思安排的，但这样解读确实很合理。

“我觉得，这种沟通方式不太理性。”马克继续追究下去，“我认为，喜欢或者不喜欢某种游戏是偏好的问题，判断风险高低是掌握情况的问题，两者没有任何关联。后者可以根据大家提供的信息进一步讨论；但个人的偏好就没什么好讨论的了。给无须讨论的偏好问题，套上貌似可以讨论的理由，会很容易产生误解。”

“马克说的这一点很重要，但是……”我这时参与了发言，马克的话乍听之下很有道理，但现在要讨论的问题与日本特有的沟通文化密切相关，“通常，日本人对自己不喜欢的事，不会直接说不喜欢，而是会以各种理由间接地反对。因为若直接否定对方的意见，恐怕会造成对立。如同我们曾在讨论旧版日本的《狮子和老鼠》时讲过的，日本人总是尽量避免与他人对立，他们倾向于寻求和谐的关系，因此即使心里不愿意，也不会直接说出来，而是会找一个对方能接受的理由委婉地拒绝。

“但如果遭到反对的人对此信以为真，并找到解决方案，然后说问题是可以这样解决等等的话，原本假托理由加以婉拒的人就会觉得，自己明明已经暗示了反对意见，对方却不肯理解，因而便会不再信赖对方。同时，遭到反对后提出解决方案的人也会认为，问题明明可以解决，对方却仍不肯同意，显然是个不讲道理的人，同样也会产生不信任感。

“总之，如同我们在上一节讨论不同文化之间的对话时提到的，如果说话人和听话人对‘反对’这一行为信号做出了不同的解读，他们之间就很难建立信任关系。习惯使用日本方式婉拒对方的人不愿意跟无法理解这种方式的人打交道。将这种日本式沟通方式带入其他文化的对话之中，常会让其他人觉得日本人很难让人信任。不过话说回来，有时日本人之间也会出现这种误解。

“另外，还有一个关键值得探讨。刚才马克提到了‘不理性’，我认为从另一个角度来看，日本人以迎合周遭气氛的方式来处理问题，确实也不够理性。

“在日本，在开会等需要表达意见的场合，许多人会根据‘空气’来行动，因为他们不愿意成为被孤立的少数派。不过，根据‘空气’行动，就有可能导致大家只说‘符合空气’的信息，而不提‘不符合空气’的信息。这样一来，会议就只能根据片面的信息得出决议。此外，与会者都根据第一个发言的人的话来预测‘空气’，因此最后的结论很容易受到讨论的进行过程这个偶然因素的影响。这也是不理性的。

“能感受他人的想法，以及追求和谐的结果，的确都是好事。但问题在于，人们是通过怎样的过程得到结论或实现和谐的。根据‘空气’在表面上得出结论或实现和谐，便无法发挥出人们的多样性所带来的丰富信息的作用，而且也容易导致少数意见受到歧视。从这一点来看，这种做法恐怕也有阻碍自由思考的危险。我不认为所有日本年轻人都是如此，但近来‘读懂空气’的倾向越来越明显，确实让我很担心。”

不知不觉间，我开始作为一名日本人，担忧起日本的现状。学生们都安静地听着。这时，杰夫说道：

“老师，在讨论理性和非理性之前，我觉得第三只老鼠和附和它的老鼠有欠公道。倘若真要批评那只爱表现的老鼠，就应该直接告诉它。躲在背后议论，未免太卑鄙了。”

杰夫的看法，果然与他的强烈正义感十分吻合。杰夫正在学柔道，所以他有时也会像称呼柔道教练一样，用日语的“老师”来称呼我。

“杰夫，我也赞同你的想法。尤其是最近在日本，人们还根据日文发音把‘读不懂空气’这句话简化为‘KY’作为暗语，专门用来在背后说别人的坏话。这种趋势真是太糟糕了。”

政治学家及网络报纸《JANJAN》编辑广冈守穗也在最近的专栏中强烈抨击这个缩略语“令人联想到阴险的霸凌”。

不过如果不听听日本年轻人的意见，未免也有失公允。

“那么，次郎，作为生活在现代日本的年轻人，你对这篇故事有什么看法呢？你觉得自己差不多也会这样吗？”

大家都笑着看向次郎。

“我觉得这个故事写得有点过分，不光是我，我身旁的朋友们也不会这样。”

“那真是太好了。那么，你觉得哪些地方不对呢？”

“这个问题很难回答。如果说报恩等旧道德的影响日渐式微，我们重新确立了哪些新的行动准则来代替的话，确实还没有明确的标准。不过刚才也提到了风格的问题，除了外在形象，我们对自己买的、拥有的东西都了如指掌，也愿意为了培养自己的眼光而投资。我想，我们有一套自己所特有的价值标准。

“还有另一点。关于‘读不懂空气’这句流行语，我们这一代当中，的确有人喜欢用这句话；但包括我在内，也有不少人十分反感它。虽说是流行语，但也未必所有人都喜欢这种词。”

次郎说得正是时候。其实，仅凭我编写的《狮子和老鼠》这个故事，来讨论现在日本的全体年轻人，确实有过于武断之嫌，所以我预先准备了几份资料，其中包括山崎正和在著作《软个人主义的诞生：消费社会的美学》[①] 中论述的内容概要。

山崎正和在 20 世纪 80 年代中期提出这个观点，距今已经有很长一段时间。

他强调，日本虽然没有西方的“硬个人主义”，但消费的多

① 山崎正和『柔らかい個人主義の誕生——消費社会の美学』中公文庫、1987 年。

样化使得拥有相同喜好标准的消费者形成小集团，这种“软个人主义”在年轻人之间尤其普遍。

换言之，只要符合自己或与自己品味类似的小集团的标准，不管其他“不懂行的家伙”意见如何，都不会影响自己的评价和审美观，这样的人在社会上越来越多。

次郎的意见也符合山崎的理论。不过我认为山崎和次郎都只看到消费主义的正面意义，而没有提到消费主义的负面影响。

山崎正和在《软个人主义的诞生》一书中以肯定的态度描述了年轻人之间日渐多样化的消费行为和审美观，同时渡边容子却注意到日本儿童在这一时期已经出现的心病。渡边容子是一位学童辅导员，她长期与孩子相处玩耍，能够近距离观察到儿童的真实境况。

她曾经造访菲律宾的卡巴加更岛（Cabadiangan），借此机会对当地儿童与日本儿童做了比较，并将这段体验写在《孩子们，别认输！》[①] 一书中。

“在卡巴加更岛，别说家庭游戏机了，孩子们根本没有文具、图书和玩具，甚至连衣物都不够充分，大家都打着赤脚，但他们每天的生活却充满活力，看起来十分满足。而在日本，各式物品应有尽有，孩子们却总是贪得无厌地嚷着‘还要、还要’，即使他们拿到了自己‘想要’的东西，也根本不会满足。因为他们在

① 渡辺容子『負けるな子どもたち!』径書房、1989年。

得到的瞬间，已经开始思考下一个想要的东西了。孩子们真正想要的不是‘东西’，他们也很清楚‘东西’绝对填补不了心灵的空虚……（日本的孩子们）别说是劳动了，根本不必分担家务。或许他们以为，只有在讨要东西时，父母才会意识到自己的存在。当孩子们吵着‘我要这个’‘我要那个’时，也许他们是在呐喊‘我就在这里！看看我！多关注关注我！’我这样认为，难道是想多了吗？”

渡边容子看到的日本和菲律宾的差异，不只是伴随富裕生活而来的消费机会的不同造成的。她准确地描述了日本儿童在消费方面的病理特征。从 20 世纪 90 年代起，美国的消费者研究领域逐渐开始探讨消费社会的“黑暗面”，我认为这些研究指出的问题都十分关键。

介绍了山崎的观点以后，我接着说：“山崎和次郎都指出了消费主义文化的积极作用，但消费主义文化也有消极影响。从理论上来看，美国社会和日本社会都有这个问题，但我觉得日本要更严重一些。

“问题之一是，在儿童和年轻人当中，物质主义与自尊心具有紧密的负向关系。负向关系是指，自尊心较低的人更倾向物质主义，而自尊心较高的人则不太容易倾向物质主义。这里所说的‘物质主义’，是指极度看重自身拥有、穿戴和消费的物品的价值观。过去的社会调查已经发现了这种倾向，最近的心理实验则明确证明了二者之间的因果关系。”

我接下来又介绍了最近刊登在美国消费者行为研究领域最具权威的《消费者研究杂志》上的，由查普林和约翰共同完成的“在物质世界里成长”这篇论文。①

他们以中学生和高中生为研究对象进行了心理实验，确认当自尊心增高或降低时，人们的物质主义倾向也会随之而减弱或增强。

“可是教授，自尊心与物质主义的这种负向关系，到底是通过什么机制产生的呢？”温迪问道。

从反复看到的社会事实中找到疑点，继而产生兴趣，并对其机制做出各种假设，这是培养社会学意识的第一步。

“温迪，你的这个问题很重要。不过，你能先自己尝试猜测一下答案是什么吗？”

“自尊心较低的人，更容易通过拥有或穿戴相对评价较高的名牌商品或者广受朋友喜爱的物品，向别人炫耀，以提高自身的价值。是这样吗？”

“完全正确。自尊心较低的人，对于心里的不安全感或者说匮乏感，希望用物品来填补。然而这种目的却很难实现。虽然年

---

① Chaplin, L. N. and D. R. John [2007], “Growing up in a Material World: Age Differences in Materialism in Children and Adolescents” , *Journal of Consumer Research*, 34: 480-493.

轻人的自尊心与别人的评价有很高的相关度，但为了炫耀而穿戴只能博得短暂的欣羡，却无法获得他人对其人格本质的赞许。有时，这种做法反而会招来蔑视或厌恶。虽然有人在明白了这个道理之后摒弃了物质主义，但也有不少人仍旧沉湎于物质主义，陷入恶性循环。在多数情况下，这种做法反而会使其更加缺乏自尊心，不是为了消费使用，而是为了弥补心灵空虚而买来的东西，即便可以带来一时的满足，却很快就会厌倦。

“2007 年日本青少年研究所‘对高中生消费行为的国际比较调查’的结果显示，对‘获得想要的物品后会很快厌倦’这个问题，回答“完全不会”的受访者在美国占 43%，但在日本居然只有其半数的 21%。在这一点上，我认为日本的问题比较严重。

“另外还有一个更值得关注的问题是，日本儿童的自尊心很低。

“在 20 世纪 90 年代中期，倍乐生公司的教育研究中心针对 11 岁小学生在不同国家的六个城市之间进行了比较调查，从结果中发现了一个惊人的事实。住在东京的孩子当中，认为自己‘诚实’‘善良’‘勤奋’和‘勇敢’的孩子分别都只有百分之十几。

“而在美国密尔沃基和奥克兰、巴西圣保罗、中国北京等各城市的调查中，所有项目都超过 40%，在美国甚至有的项目超过 60%。只有韩国首尔不到 30%，介于其他城市与东京之间。日本儿童对自己的评价明显偏低，对自己评价最高的是美国儿童。

“以上结果未必能够直接代表不同国家儿童之间“诚实”或

“善良”程度的不同。调查结果中的自画像的不同，很可能是由自我表现的文化差异造成的。但即使考虑到这种偏差，日本儿童的自画像仍然极为灰暗。自我意识即使起初不符合实情，却很容易导致与此接近的现实状态，变成自我实现的预言。

“认为自己‘诚实’‘善良’‘勤奋’和‘勇敢’的孩子，由于期待自己成为这样的人，确实也更容易实现这样的结果。

“或许有人会问，儿童自尊心低有什么不好？实际上，自尊心或者上进心较低，容易导致年轻人放弃自己，使他们失去改善生活的动力。比方说，日本少女的‘援助交际’等行为，便是由于自尊心已经低到无法感知的地步，再加上对金钱和物欲的强烈追求，在这两个要素的共同作用下才出现的。

“这些现象体现了消费主义的极大悖论。消费主义确实有助于经济增长，人们的购买欲提高，可以增加生产者的利润，进而提升就业者的收入，使生活更富裕。但另一方面，消费主义也极有可能会侵蚀人们的精神，尤其是儿童和年轻人。”

我说到这里，杰夫提出了一个问题：

“老师，如果物质主义会对年轻人带来负面影响，那么有什么有效措施可以预防呢？”

这又是一个很重要的问题。

“杰夫，你觉得怎么做才好呢？”

“我不知道。”

“那么，其他人知道吗？”

“尽量不让儿童看强调物质主义的电视广告和节目吗？”温迪试着回答。

“这个主意也不错。不过，从刚才介绍的查普林与约翰的研究结果来看，能得到什么答案呢？”

“提高儿童的自尊心。”

艾米丽和其他几个学生同时答道。

“没错！查普林和约翰提出，必须让儿童在家庭、学校和社区中多与别人交流，帮助他们形成肯定的自我评价。我也赞成他们的观点。在日常生活中，当孩子在成长过程中学会各种本领，或者表现出‘诚实’‘善良’‘勤奋’和‘勇敢’等美德时，大人应该适当地加以表扬。孩子得到了赞赏，知道自己的行为能够获得父母和周围人们的认同，就会产生自信。能赋予他们信心的，首先就是父母，因此家庭的作用非常重要。”

我在心里想，日本的情况呢？日本的多数父母对于孩子的优点和良好举止，总是吝于称赞。他们为孩子提供物质享受、送孩子去上补习班，却几乎从不会在子女帮忙做家务，或在陪同子女运动和玩耍的过程中，认同和称赞孩子，给予他信心。唯一的例外，恐怕只有褒奖孩子成绩优异。

美国的中产阶级家庭可以说与日本截然不同。我在芝加哥的住处隔壁，最近搬来的新邻居一家是一对各有全职的夫妻，他们有两个男孩和一条狗。大儿子是高中生，住在寄宿学校，因此平常只有父母和10岁的小儿子住在家里。小男孩很喜欢踢足球。美国虽然土地辽阔，但大城市的住宅庭院通常都不大。然而，这户人家还是将院子隔出三分之二，给孩子造了一片约30平方米的足球练习场，还立了一座小球门。

每天晚餐前的空闲时间，小男孩几乎总是会和爸爸或妈妈，以及爱犬练习足球。让狗也加入练习，大概是因为它仿佛能理解游戏规则一样，总是跟着一起尽情地奔跑。父母在玩耍时，不停地给小男孩加油打气。他每次成功射门，或者防守得当，都会得到大人的称赞。有趣的是，父亲和母亲每天会轮流与孩子踢球。一个人和孩子玩耍时，另一个人便负责准备晚餐。

10岁的小男孩也非常能干。我从自己家也常看到他在庭院里给草坪浇水、遛狗，或者和父母一起去买东西。想必在日常生活中，他也常因帮忙做家务而得到夸奖，有很多机会获得父母的认同。

当然，我不是说所有美国家庭都是这样，但这绝不是个例。日本青少年研究所在2007年对高中生消费行为进行的国际比较调查结果显示，“平常帮忙做家务”的高中生在美国占全体的62%，在日本只有20%。问题不在于帮忙做家务这件事本身，而是孩子从小作为家庭一员，在完成了某项任务以后，能够获得家人的认同和赞赏。孩子应该通过这种方式，培养责任感以及肯定的自我意识。

我的邻居之所以能过上这种生活，部分原因在于他们夫妻两人都在尊重“工作与生活平衡”的美国企业工作，可以在晚餐时全家共享天伦。不过，这并不是唯一的原因。父母也会随时注意让子女认识到自己作为家庭成员的职责，每天都用心与子女一起享受生活，共度时光。

相比之下，日本的父亲极少能每天和子女共进晚餐，孩子有时也会因为上补习班而较晚回家。许多孩子在家里，只是关在自己的房间里，沉迷在游戏之中，而不会作为家庭成员来尽自己的职责和义务。甚至有不少孩子认为，连自己房间的清扫整理都是母亲的工作。

我突然回过神来，发现暂时没有学生继续发问，便介绍了几项关于年轻人讨厌“读不懂空气”的人的研究资料。

“首先，我希望大家知道，日本的年轻人对生活的各个方面有多么不满。2001 年，日本青少年研究所曾以初中二年级和高中二年级的学生为对象，进行过一项日、美、法、韩四国的意识比较研究。结果显示，日本与美国青少年的满意度呈现出几乎完全相反的两个极端。

“譬如‘对整体社会感到满意’的青少年在美国占 72%，在日本只有 9%；‘对学校生活感到满意’的青少年在美国占 74%，在日本是 32%；‘对家庭生活感到满意’的青少年在美国占 84%，在日本是 40%；‘对自己感到满意’的青少年在美国占大多数，是 89%，但在日本仅有 23%。他们对未来的希望也呈现出极大差异，认为‘21 世纪充满了希望’的孩子在美国占 86%，在日本只有 34%。”

听到这些数字，学生们都露出了惊讶的表情。

“难怪你们会觉得惊讶，我看到这些数据时也吓了一跳。就这些统计结果看来，可以说日本青少年正处于非常悲惨的状态。虽然近些年来经济发展停滞不前，但日本依然位于富裕国家之列，联合国人类发展指数排名是世界第七位，领先处于第八位的美国。日本国民的教育程度和平均寿命都很高，给人的印象是人们都得到很好的保障，但调查结果却与此完全相反。然而，这就是日本青少年的现状。那么，为什么会变成这种状态呢？”

我能感受到学生们对这个问题很感兴趣。其实，我没有针对这个问题做过足以详尽解释的分析，不过至少能为他们提供深入思考的线索。

“解释这种现象的关键，就在方才介绍的日本青少年研究所的调查结果当中。这项调查还包括青年最重要的人生目标。统计结果显示，在美国，最多人选择的目标是‘拥有较高的社会地位和名声’，占 41%，而在日本，同样的回答只占不到 2%。相较之下，日本最多人选择的目标是‘享受快乐的人生’，占 62%，而美国的这个选项只占 4%。

“事实上，近 20 年来，日本的年轻人已经失去了‘认真努力做事’和‘在社会上获得成功’的价值观。其原因与日本人倾向于把认真努力和想要获得社会地位的人看作自私的人有关。这种现象也与国家和社会的状况有关。比方说，当国家经济正处于增长阶段时，人们感到可供分享的蛋糕会逐渐增大，认真读书、对于国家经济发展有贡献的人便会受到尊重。因为大家相信国家兴盛，自己也能变得更富裕。现今的中国就是最好的例子。不过，假如蛋糕的大小已经确定不变……”

“那就是零和博弈。”不愧是马克。

“是的。零和博弈中，有人拿得多，其他人就会感觉自己的权益将受到损失。这种情况下，如果有人努力争取成功，从别人的角度来看，就仿佛会给自己造成损失。不过，这不是唯一的原因。像你们这些美国青年，大多为自己的国家感到骄傲，也对自己的社会引以为自豪，因此会认为奋发努力和具有才能的人是为美国社会增进产能的生力军。

“但现在的日本青年对社会怀有强烈不满，对未来不抱有希望，就会把奋发努力的人视为自私自利、只顾自己获利的人。因此，认真努力的人有时会遇到别人责难的眼光。况且，在这些年轻人的价值观里，勤奋和社会成就不再具有价值，他们满脑子只想着享受眼前的欢乐。这种生存之道也可能是为了适应社会风气，以免遭到别人非议。或许各位很难想象这种状况吧。”

这时，温迪的发言令我出乎意料。

“教授，现在黑人的社会地位已经提高，类似现象也比较少了，不过直到不久之前，在黑人贫民区的学校里，拼命用功的学生也经常会被贴上‘白人化’的标签，并受到歧视和霸凌。我觉得对那些生活没有希望的贫穷黑人来说，他们只关心如何在贫困中活下去或者如何及时行乐，所以会把怀抱梦想、为成功而努力不懈的人看作抛弃同伴的自私之徒，因而很难接受他们。不知道这和日本目前的情况是否有些相似……”

“嗯，你说得很有道理。”

温迪这种从不同社会和不同情况之间找出相同点的本领，经常让我感到由衷佩服。

这时，杰夫说了一些让我十分意外的看法：

“老师，我们日裔美国人常被称作少数族群楷模（model minority），白人精英常会对其他有色民族说‘你们都该向日裔学习’。我父亲那一代人曾被叫作‘香蕉人’，也就是讽刺他们外表是黄种人，但内在却是白人。

“为什么我现在要提这件事呢？因为我觉得自己和他们那一代人的想法有很大差距。我们的父辈是第三代日裔美国人，再上一辈是第二代，他们确实通过努力在美国社会中获得了地位，我也觉得这很了不起。不过我不愿意过与他们相同的生活。

“我认为自己当然是美国人，虽然我也很喜欢我的祖籍日本。我通过学习柔道、学习围棋、选修老师的课等方式增进对日本的了解。我的自我意识已经超出日裔，而是以亚裔美国人自居。这就是我。

“不过，有很多第二代、第三代日裔试图摆脱日本文化。他们不教孩子读写日语，在日本企业进入美国之前，也不太努力传承日本的文化。总而言之，他们把与美国社会的同化当作第一要务。不过到了我们这一代，有许多日裔美国人都希望能活出最真实的自己，其中也包括我们拥有日本人的根这一事实。

“我曾和次郎以及其他来自日本的留学生交流过，现在日本的年轻人在这一点上应该也和我们一样吧。我想要活出真实的自己，而不是仿效父母的生活方式。我曾在书上读到，现在的年轻人不喜欢那些想在社会上获得成功的人，是因为那些人的未来蓝图与自己的父辈努力从一流大学毕业、努力进入一流企业的人生轨迹相同，这让他们觉得很烦。而对于努力忠于自我的人，或许他们并不会感到反感。”

杰夫的意见非常重要。对不少男性第二代日裔美国人来说，作为移民到美国的第一代日本人的子辈，他们的重大人生转折点出现在日裔强制收容所里。第二次世界大战期间，他们曾不得不面临是否要成为效忠美国的美军士兵的选择。加入美军参战意味着可能要与父母的祖国日本作战。这个抉择与伴随而来的纠葛，导致许多父子、兄弟以及朋友就此决裂。

许多决定参战的第二代日裔，与其说是为了他们的祖国美国而战，不如说是为了挽回日裔美国人的名誉和权利而做的抉择。而许多拒绝参战、决定留在收容所里的第二代日裔美国人，与其说与第一代人相同，从感情上抗拒参与与日本为敌的战争，不如说更是为了抗议美国联邦政府敌视自己这些本国国民、没收他们的私人财产并把他们送进强制收容所而做出的抉择。

这两种不同的选择，就根本思想而言，在本质上并不矛盾。然而，这项“非此即彼”的抉择，却造成了两个群体日后永久的差异。选择参战的前者，若能侥幸劫后余生，多数在战后登上了日裔社会的风光舞台；而后者则怀着对前者的愧疚，躲在暗处苟且偷生。

牵涉到政治的选择，有时就会如此残酷地导致不同人的决裂。而第三代日裔美国人作为他们的孩子，继承了第二代为恢复美国国民权利而参战的意志，努力融入美国的主流文化。他们在获得一定成功的同时，也换来了“香蕉人”的揶揄。

不过，美国社会也在不断转变。30 年前，以新教上流社会（WASP，指白人盎格鲁-撒克逊新教徒）为主流的观念，逐渐变为尊重不同文化和传统的文化多元主义思维。在这个时代长大的杰夫，与他父母的世代相比，在文化方面获得了更高的选择自由度。因此杰夫拥有坚定的价值观，并以此为指导，“活出自我”。但现今的日本年轻人，虽然也嚷着要活出真实的自己，却没有明确的价值观来指引方向，仍处于探索自我的混沌状态。

“杰夫提到的这一点非常关键。我也觉得日本现在的年轻人，与他们父母那一代人相比，确实更希望能过上忠于自己的生活，不过情况似乎不止如此。因为事实表明，在日本年轻人中最受欢迎的，并不是拥有独特个性的人，而是能够为大家提供乐趣的有趣的人。日本青少年研究所的千石保在《“认真”的崩溃：新日本人论》[①]一书中写道，日本中学里最受欢迎的是‘幽默的人’，占63%。这是日本特有的现象。

“此外，日本的年轻人不仅用这一标准来评价别人，他们也希望自己每一天都能过得有趣而愉快。千石认为这种现象是为社会行为赋予‘完成性’（consummatory）价值。也就是说，社会行为的价值不是作为完成其他目的的手段，而是该行为本身是否具有有趣或愉快的消费性价值，这被称为‘完成性’价值。现在有越来越多人开始重视社会行为的消费性价值。

“此外，以下现象也与此有关：认为希望努力获得成功的人是损害自己利益的自私自利者；而带给大家欢乐的人，则是无害且有益的人。对现代年轻人为何会厌恶‘读不懂空气’的人，也必须在这些背景下来理解。”

说到这里，我介绍了中村恭子和原田曜平根据博报堂生活综合研究所的调查所写的《10岁至19岁的一切》[②]这本书。中村和

---

① 千石保『「まじめ」の崩壊』サイマル出版会、1991年。

② 中村恭子、原田曜平『一〇代のぜんぶ』ポプラ社、2005年。

原田在书中写道，15 到 19 岁的男生最讨厌的同性类型是“读不懂周围空气的人”（64%），这个比例远远高于排在第二和第三名的“脾气暴躁的人”和“爱表现的人”。

至于他们最喜欢的同性类型，则以“能体谅他人的人”（74%）为最高，其次是“开朗的人”和“善于社交的人”。从这两项结果可以发现，“读不懂周围空气的人”与“能体谅他人的人”正好成为对比。

“能体谅他人”这种表达方式比较模糊。经济学开创者亚当·斯密曾在《国富论》中提出“看不见的手”，他还在《道德情操论》一书中强调过设身处地想象对方感受的重要性。

这里的“体谅他人”是指观察者对他人产生同情或共鸣。亚当·斯密描述的经济人绝不是冷酷无情的人。我想，在现代美国社会，“体谅他人”这句话的含意与亚当·斯密所说的意思也不会有什么不同。

日本的传统道德也非常重视设身处地体谅他人。不过是体谅在组织中所处的角色立场，或者体谅必须坚持义理而舍弃人情的痛苦立场，与面对个人时的体谅全然不同。

那么，现代日本的年轻人所说的“体谅他人”，到底是什么意思呢？中村和原田指出，这与“读懂空气”密切相关。也就是说，在难得的热闹气氛中，不要泼大家冷水，或者当大家意兴阑珊时，不要拼命鼓动劝说，这就是“体谅他人”。此外，尽量不介入别人的私生活，也属于“体谅他人”。

现在有许多日本年轻人，每天都和很多“朋友”互发信息，只要一天没收到信息就会感到落寞。对他们来说，与年纪相仿的朋友之间的这种肤浅而不烦心的人际交往，是他们在没有希望、只有不安的日子中的“疗愈”方法，必须是轻松愉快的。而“读不懂空气”的人只会给这种关系带来压力，也很无趣，所以他们才会厌恶和排斥这种人。

最后，我做出这样的结论：“也就是说，与我年纪相仿的人常会批判这些重视‘空气’的年轻人的‘忽视个性’和‘集体主义’等，但实际情况恐怕并非如此。根据中村和原田的观点，日本 10 至 19 岁的青少年害怕失败，认为‘拥有梦想的人都是自讨无趣’，对未来不抱希望。但同时，他们认为‘距离太近会感觉不舒服，离得太远又感觉不安’，只能与别人维持淡薄的关系，不做任何承诺，但又害怕遭到孤立。

“在这种状态下，专注于自己的爱好和与朋友轻松往来成了日本年轻人仅有的乐趣，也成为他们逃避现实的避风港。因此，如果有‘读不懂空气’的人做出的不和谐行为，他们就会十分反感。

“与此相比，我更担心的是，排斥‘读不懂空气’者的浪潮波及成年人的世界，导致在开会等场合，人们很难说出‘不符合空气’的发言。我认为这个问题更严重。”

这时候，戴维突然提出了一个出人意料的观点：

“老师，那些‘读不懂空气’的人会不会是患了艾斯伯格综合征（Asperger syndrome）呢？故事里的老鼠应该不是这种情况，不过无法理解别人的想法也有可能是因为患了这种疾病。如果是这样的话，我们不仅应该从伦理上谴责歧视他们的行为，更应当了解他们的问题所在，考虑能让他们参与社会的方法，包括施予适当的治疗。”

“艾斯伯格综合征，是什么样的疾病呢？”我问道，很惭愧，我没听过这种疾病。

“这是一种发育障碍。患者智力正常，却无法理解别人的感情，因此会在人际关系方面遇到很大障碍。出现这种障碍的人，无法意识到自我以外的情况，因而无法掌握周围的状况，也无法判断自己在群体中的定位。”

“我不了解艾斯伯格综合征，所以无法判断戴维的看法是否恰当，不过确实应该从多样性（diversity）的角度来思考这个问题。”我说。

我非常赞同美国近年来推崇多样性的潮流。除了种族、民族和性别之外，还应该用肯定的态度来对待多种多样的价值观和具有各种障碍的人。像戴维这样的年轻人，能从日本的故事联想到这个方面，让我有些感动。

戴维的做法非常具有美国特色，即通过自己的积极参与，促使多样性这一全新的道德规范获得大家的共同理解，并使其深入人心。假如日本的年轻人知道“读不懂空气”的人其实是患有艾斯伯格综合征，他们也会和戴维持相同的想法吗？还是会反而更加歧视这些人呢？

我正想整理思路，进一步深入讨论多样性，玛丽提出了一个可怕的问题：

“教授，我觉得日本年轻人的这种心态不健全。我的问题和杰夫刚才的发问有点类似，教授认为该怎样做才能使他们改变这种心态？这样说或许有些失礼，怎样才能让日本年轻人像美国年轻人一样形成健全的心态，让他们相信社会、相信身边的人以及相信自己呢？”

“哇，你这个问题真了不起！可惜诺贝尔奖没有设立社会学奖项，否则若是有人能找到这个问题的答案，绝对能够荣获诺贝尔奖！”大家都露出了微笑，唯独玛丽的眼神依旧认真。看来，我不能靠玩笑蒙混过关了。

“我认为关键之一是刚才提过的，培养和教育孩子们拥有自尊心，让他们拥有自己的道德价值观。不过光是这样还不够，还必须改变社会。至于如何改变，这是我的浅见，我觉得应该让社会上每一个人的才能都得到激发和充分发挥，让大家相信社会能够提供这样的环境。

“这需要每个人都认识到，社会行为具有重要的生产价值，而不只是消费价值。具有生产价值的社会行为，不只是读书或工作。

例如，能够从日常对话中发现某种价值，也是具有生产性的。

“就拿我们的课堂来说吧。首先必须诚挚地倾听别人的话，也就是要试着去‘理解’别人，是绝对不可或缺的前提。接着是‘思考’，比方听到别人的话，再从理论上重新构筑。这是马克最拿手的。

“还有，要能把自己的感受和想法整理之后告诉别人，这时需要思考和‘表达’能力。艾米丽是个中高手，温迪也不遑多让。杰夫的玩笑不仅诙谐，更是思考与表达能力的最佳展现。

“接下来是‘联想’。对乍看之下毫不相关的事物，能够试着找出其共同点。温迪是这方面的好手。为了增进联想能力，平时必须努力学习由古至今的事例，揣摩人们在各种情况下的心情。

“要安慰别人，如果不想只说些肤浅空洞的话，就必须发挥设身处地感同身受的联想力和感受力。几分钟前，杰夫和戴维刚为我们做了示范。杰夫作为日裔美国人，将自己这一代对父辈生活方式的看法，与日本年轻人对父辈生活方式的看法，做了对比。而戴维提出，在日本被批评为‘读不懂空气’的年轻人是否患有艾斯伯格综合征，真是这样的话，就该帮助他们。只有同时具备丰富的联想力和真挚关怀他人的心，才能提出杰夫和戴维这样的观点。

“此外，‘专业知识的应用’也很重要。凯文还没有进入法学院读研，就已经知道许多专业知识了。同学们和我都从他的专业见解中获益不少。

“此外，‘问题意识和批判精神’也是不可缺少的。尽管玛丽的发言有时会让我有些‘招架不住’，但她尖锐的批判常能使对话的内容更为深入。还有，马克针对现代日本版的《狮子和老鼠》，指出将偏好的问题与掌握情况的问题混为一谈是不理性的，这也充分发挥了批判精神。

“最后还有‘创造’。戴维写出现代美国版的《狮子和老鼠》就是最典型的例子。不止如此，我们的这个课堂本身也是创造。我认为这个上课过程，就像是大家共同创造的一出舞台剧。每一次表演都是一个新的创造，由不同的演员演出，就会得到不同的结果。如同刚才所说的，大家都有各自的个性，越是充分发挥出每个人的个性，作品就越有价值。

“最重要的是，像这样由大家共同创造出来的对话，不仅具有‘理解’‘思考’‘表达’‘联想’‘应用’和‘发现问题’等生产方面的价值，还可以通过每个人发挥其个性，作为整体成为一个优秀的创作，如此才能展现出多样性的真正价值。也就是说，正因为由各不相同的人组成这个课堂，我们才能比只由相似的人组成的团体创造出更丰富的作品。

“我们不只完成了这项创作，这学期结束以后，现在坐在课堂上的诸位就要各奔东西，分别踏上不同的前程。不过，我们今天说过的话、想过的事，总有一天会在你的心中再次苏醒。你将会回想起当时自己曾经这样想过，那个人曾经那样说过，这些一定会对那时的你有所帮助。今天的对话将联结到明天，甚至未来。这就是生产性对话的含义。

“相对地，日本年轻人的对话又是怎样的呢？当今的日本年轻人的对话，只有消费性价值。一伙人凑在一起，说说笑笑、开开心心，度过一段欢乐的时光，仅此而已。当时感觉很好，可是大家解散以后，就像是筵席过后，只剩下寂寥的空虚，让人分外寂寞。这种对话与未来完全没有联结。如果有人偶尔想发起建设性的对话，他们会以‘听得太累’的理由拒绝。他们的对话都是消费性的，以至会对需要思考和联想的对话感到不适。

“除了对话，日本年轻人之间的人际关系本身也在朝消费性的方向发展。要扭转这种趋势很难，归根结底还是必须从人际关系出发才能实现根本性改变。”

不知不觉间，我不再是对着美国学生讲课，而是作为一个日本人，面对除了次郎以外全都不在眼前的日本年轻人说话。

当我回过神来，这堂课已经接近尾声了。我把话题引向最后一个问题。“好，下面是最后的问题。和过去的日本版《狮子和老鼠》相比，我改写的现代版没有明确的道德规范，而老版有。除此以外，还有其他不同吗？”

我事先准备了一个答案，而说出这个答案的是艾米丽。

“我想讲的问题与教授所说的有无明确的道德规范有关。在老版故事里，通过老鼠的报恩，狮子和老鼠之间产生了友情和信任。但在现代版故事里，虽然双方不至于互不信任，但也没有形成信任关系。没有共同的道德规范，对方就不会依照我们的预期行动。当然就结果来说，狮子原谅了老鼠，老鼠也救了狮子。但它们双方却都并不认为自己受到了对方的恩惠，因此也没有形成友情和信任。”这个答案依然具有艾米丽一贯的明快风格。

“艾米丽说得完全正确。我再补充一句，即便双方都依据共同的道德规范行动，但如果彼此文化不同，无法正确理解对方的语言和态度，也会造成误解而无法相互信任。这一点在两周前的课上，我们已经用不同国家的狮子和老鼠相遇时的例子说明过了。

“不过这个问题可以通过促进人们对多元文化的理解来克服。即使对方的价值观与文化和自己不同，只要其行为具有一贯性，也可以在一定程度上赢得我们的信赖。正如今天学的‘现代日本版’的例子，虽然狮子和老鼠文化相同、能理解对方的语言和态度，但如果共同的道德规范薄弱、态度缺乏一贯性、没有尽到自己应承当的责任，或者未向对方解释便根据情况随意改变态度，双方也无法信任彼此。拥有不同价值观的人要形成相互信赖，最重要的就是态度必须具有一贯性。

“我认为要形成态度的一贯性，不能通过山崎正和强调的‘软个人主义’，而必须确立‘硬个人主义’。虽然大家的看法可以各不相同，但还是必须拥有自己的价值观。”

对于现代版和旧版故事的不同之处，学生又提出了一个完全出乎我意料的答案。“现代版里的狮子和老鼠的关系，虽称不上是完全平等，但与旧版相比，已经平等多了。”

这是玛丽提出来的。我在写故事时没有刻意这样安排，因此听到这个看法时有些惊讶。

“是，正如玛丽所说的。我虽然没有意识到这一点，但故事的发展确实如此。我写的这个故事，不敢说完全符合现实状况，但从不同地位与年龄的人之间的交流方式来看，现代日本可能确实更平等一些。当然在组织中具有明确的上下级关系时要另当别论。应该还没有这方面的英文文献，我会试着找一找相关研究，如果有的话，会在课堂上介绍给大家。”

讨论到此似乎告一段落了，但还有件事不能忘。“我最初说过，这两篇现代版的寓言故事，哪一篇更有趣呢？是戴维的，还是……”

我还没说完，已经有好几个人迫不及待地高声嚷嚷：

“戴维！戴维！”“是啊，我也完全赞成，看来我们达成共识了。戴维的这门课可以拿到很高的额外加分。恭喜戴维！”大家热烈鼓掌，戴维也显得很开心。

我利用所剩不多的时间，提醒大家下周的素材和文献需要注意的几点，便结束了这堂课。

fin

这出教育剧的背景

这出剧的副标题虽然是“教育剧：两种社会规范比较论”，但我并未就日本与美国的社会规范得出任何明确的结论。

通过这个“比较论”，我希望为读者提供以下两方面内容：

第一点是，为大家提供基础知识，以便大家能够进行与社会规范相关的伦理选择，并在伦理选择时展现出具有自由和批判精神、富有想象力的思考过程。希望读者能够体会到价值观各异的美国学生所体验的思考和讨论过程。在“剧场主人的欢迎词”中，也提过了这点。

第二点与第一点有关，即为大家提供思考材料，有助于日后形成日本的社会规范。正如剧中体现的，不论是日本还是美国，文化土壤都会随着时代而变化，继而影响社会规范的更迭。最重要的是，社会规范的形成其实也取决于人们的选择，不同的选择会导致不同的结果。此外，社会规范也会受到全球化等外部变化的影响。

在今日的全球化浪潮中，跨文化间的共同点变得越来越多。而不同文化间的交流机会也越来越多。然而，各种文化之间仍存在很大差异，这或许也会影响到未来规范的形成。

剧中特别讨论了培养儿童的规范，以及排斥“读不懂空气”的人的年轻人文化，并提出了各种可能性。因为笔者认为，这两个问题对于今后日本的社会规范的形成尤其重要。

那么，笔者心中的社会规范是什么样的呢？或许有的读者已经从剧中的对话中了解到了一些，请允许我在此重申，第一点是自由与尊重多样性并不矛盾。

每一个人的自由的价值不只是自由本身，一般来说，它还能提高理性解决问题的概率。此外，正如故事中的“山口教授”提出的，当大家共同合作时，多样性能够让创作内容更加丰富，也能让多数人获得更为平等的社会机会，更不用说对需要多元文化交流的现代日本社会和经济而言，多样性不可或缺。

在故事里，我对培养人们“读懂空气”、迎合其他人的社会环境持否定态度。这样的社会环境意味着限制人们的自由、否定多样性，破坏人们做出理性判断的土壤，从这个角度来看，我认为这种环境是不利的。

当然，这并不意味我要否定和谐。我所探讨的是和谐（共识）的质的问题，也就是通过怎样的机制达成的和谐才是好的和谐。

正如故事里所讨论的，要求人们“读懂空气”，这种倾向是现代年轻人被逼到绝境时的心理产物，他们将相处轻松的朋友关系视为最后的避风港。我认为必须从根源改善迫使年轻人产生这种心理的社会现状。

我认为好的社会规范还必须符合另一个条件，即要对富足社会的再生产有所贡献。尽管选择应该是自由的，但人们绝不能恣意妄为。每个人至少都必须要能与价值观不同的其他人建立信任关系，同心协力地实现富裕社会。

这里的“富足”，不单指物质的丰富，还包括心灵的丰富。

关于人们该如何建构自由、富足、相互信任的社会，这篇故事提示了正面看待人们的多样性与个性，重视多样化的价值观，以及重视具生产性的社会行为与人际关系的形成等方向，但并没有提供解答。

我想，这些问题的答案应当交由各位一起来思考。

后记

这本书收录了两篇风格和内容都截然不同的故事，有哪些含义呢？

回答这个问题的关键，就是本书的主题“多样性”。

在“米娜与卡兹”的故事中，米娜（在芬兰语中表示“我”）经历“寻找自我”的旅程之后，最终抵达了“多样性”的终点。

不过这则故事只展现了多样性对个人的意义，它对社会的意义还只是概念上的，没有做具体描述。

“狮子和老鼠”的故事则具体地介绍了多样性对社会的意义。所以，这两个故事可说是彼此互补的。

在执笔两篇故事的过程中，我得到了许多人的协助。

首先必须感谢东洋经济新报社的佐藤朋保先生。承蒙佐藤先生垂询，问我是否有意创作本书。此外，他还从读者的角度通读本书草稿，提供了许多宝贵意见。因此，现在我能满怀自信地说，本书对隐藏在故事背后的各种信息均已做了深入挖掘。

接着，我必须感谢多位恕未具名的女士和先生，成为故事中各个角色的原型。没有芝加哥大学选修我的“日本社会论”课程的学生们，我就不可能依据他们活泼生动的样貌，写出“狮子和老鼠”这篇作品。

当然，故事里登场的学生都用了假名，学生们的观点实际上也不是在某一个特定学期出现的，而是我根据多次教授“日本社会论”的过程中遇到的情况汇总整理，并加以润色而成的。

从这层意义上看，这个故事并非单纯的授课纪录，而是介于事实与虚构之间的纪实小说。

此外，教育剧中由戴维·莱特曼创作的现代美国版《狮子和老鼠》，其实也是我写的。当然，我从与同事以及选修“日本社会论”的学生的对话中获得了不少灵感。

尤其是过去与芝加哥大学的前同事、现哈佛大学法学院教授马克·拉姆塞耶就美国司法制度的对话，为我提供了很多有用的信息，在此致上谢意。

“米娜与卡兹”中的米娜、卡兹和康德先生，也都有其真实原型。不过，经过故事里的角色变化，最后呈现出来的人格已经变成了完全不同的面貌。

顺便告诉大家，卡兹原本是以我自己为原型的，最终却发展出全然不同的独特性格（而且我也根本不会魔法）。

至于米娜和康德先生，如果没有朋友们的形象作为原型，想必我也无法描写得如此生动逼真。尤其是如果没有成为米娜原型的那位朋友，我想这个故事恐怕就不会诞生了。

其他还有几位，给我提供了莫大帮助。

第一位要感谢的是森妙子女士。在她神妙画笔的勾勒下，整个故事宛如注入了生命，顿时变得活灵活现。

其次是作家水村美苗女士，在我最初尝试拟稿的阶段，承蒙她过目几份拙稿，教会我什么才是文学。在此基础上，我才产生了写一些“只有社会学家才能写得出来的东西”的念头。

此外，我还要感谢日本青少年研究所千石保理事长赠送的《“认真”的崩溃：新日本人论》以及多份调查研究报告。更要感谢《孩子们，别认输！》的作者、网络报纸《JANJAN》的记者渡边容子女士，她给我提供了有关现代日本社会儿童现状的宝贵意见，并向我引荐了森妙子女士。

在我写现代日本年轻人版的《狮子和老鼠》时，千石理事长的资料和渡边女士的建议都极具参考价值。我在故事里也引用了部分章节。

最后，我还要向经济产业研究所（RIETI）致上最深的谢忱。

与收录在本书中的版本相比，最初刊登在经济产业研究所“社会学讲座”网页上的“狮子和老鼠”还不够成熟。佐藤编辑恰巧看到了那篇文章，我才得以与他结识，乃至于促成了本书的出版。在此，我要特别感谢刊载拙稿的经济产业研究所元研究调整负责人细谷祐二先生和网页编辑经理谷本桐子女士。

山口一男

出版后记

可能很多人会认为社会学是一门深奥难懂的学问，只有专家学者或者专攻这一领域的学生才与之相关。

不过读过本书之后，你会发现社会学其实与我们每一个人的生活息息相关。了解一些社会学常识，可以让人活得更自由、更能理解和看透围裹我们的社会丛林。发自社会学视角的省察中，包含着通向自由的第一步。

本书作者山口一男先生是美国芝加哥大学的社会学教授，他希望大家理解“丰富多彩的个性是人们创造价值的源泉”，并且能够“获得生存下去的力量”，因此特意为不具备专业基础的普通读者创作了这两个故事。

通过这种妙趣横生的方式，他为我们展示了一种全新的角度，帮助我们从本质上认识自己，接纳他人，促使我们批判性地思考与自己密切相关的各种社会问题，从而更轻松地拨开迷雾、看清真相，并通过改变自己的选择来改变世界。

作者深厚的专业功力与充满梦幻般的想象力完美地结合在一起，相信很多读者都能从这两则故事中找到自己或者自己所熟悉的人的影子。本书既可以当作社会学启蒙书来看，也可以当作一本启发思考的读物，在心中播种一颗社会学的种子，培养我们的社会学想象力，参与“如何与自己和他人相处”这个永恒的人生命题。

服务热线：133-6631-2326　188-1142-1266

读者信箱：reader@hinabook.com

后浪出版公司

2019 年 12 月

图书在版编目（CIP）数据

少了一颗纽扣的米娜 /（日）山口一男著；邱振瑞译. -- 南昌：江西人民出版社，2019.12

ISBN 978-7-210-11369-0

Ⅰ. ①少… Ⅱ. ①山… ②邱… Ⅲ. ①文化研究 Ⅳ. ①G0

中国版本图书馆CIP数据核字(2019)第116095号

DIVERSITY--IKIRU CHIKARA WO MANABU MONOGATARI
by KAZUO YAMAGUCHI
Published by arrangement with Kazuo Yamaguchi through Bardon-Chinese Media Agency

版权登记号：14-2019-0178

少了一颗纽扣的米娜

著者：［日］山口一男　插图：［日］森　妙子　译者：邱振瑞
责任编辑：冯雪松　特约编辑：方丽　郎旭冉　筹划出版：银杏树下
出版统筹：吴兴元　营销推广：ONEBOOK　装帧制造：墨白空间
出版发行：江西人民出版社　印刷：北京盛通印刷股份有限公司
889 毫米 × 1194 毫米　1/32　7 印张　字数 128 千字
2019年12月第1版　2019年12月第1次印刷
ISBN 978-7-210-11369-0
定价：38.00 元
赣版权登字 -01-2019-233